W0040788

In der gleichen Reihe erschienen:

Soziale Kompetenz trainieren
ISBN 3-8029-4551-4

**Kontakte knüpfen und
beruflich nutzen**
ISBN 3-8029-4549-2

Reden ohne Lampenfieber
ISBN 3-8029-4522-0

Gudrun Fey

Gelassenheit siegt!
ISBN 3-8029-4525-5

9,95€

Hans-Martin Klein

Exzellent streiten
ISBN 3-8029-4576-X

5,95€

Zaubern mit Worten
ISBN 3-8029-4577-8

**Selbstsicher reden –
selbstbewusst handeln**
ISBN 3-8029-4533-6

**Sicher und überzeugend
präsentieren**
ISBN 3-8029-4540-9

Fred Mast

Du gehst mir auf den Geist
ISBN 3-8029-4542-5

9,95€

**Führungs-Kommunikation
und Präsentation**
ISBN 3-8029-4505-0

Reden professionell vorbereiten
ISBN 3-8029-4535-2

Zu den Autoren:

Johanna Schott, Geschäftsführerin von study & train, ein Senkrechtstarter im
Bereich der Seminarorganisation zur beruflichen Weiterbildung.

Klaus Steinke, Geschäftsführer von study & train, Trainer für Telekommuni-
kation und Rhetorik.

Wir freuen uns über Ihr Interesse an diesem Buch. Gerne stellen wir Ihnen kostenlos
zusätzliche Informationen zu diesem Programmsegment zur Verfügung. Bitte
sprechen Sie uns an:

E-Mail: walhalla@walhalla.de
http://www.walhalla.de

So werden Sie ein Telefonprofi!

Telefonieren kann doch jeder! Stimmt, doch professionell telefonieren, das will gelernt sein. Selbst jahrelange Erfahrung schützt nicht vor Misserfolgen.

Sie können selbst nach Durchlesen dieses Buches die Probe aufs Exempel machen und in den nächsten Wochen bei Anrufen verstärkt darauf achten, ob es tatsächlich die „Servicewüste Deutschland" gibt. Achten Sie zum Beispiel darauf, wie sich die andere Person am Telefon meldet, ob Sie kundenfreundlich behandelt werden oder ob Ihnen durch häufiges Weiterverbinden und endlose Wartemusik Zeit gestohlen wurde.

Besonders interessant wird es, wenn Sie sich beschweren. Denn hier scheidet sich die „Spreu vom Weizen". Bedankt sich jemand bei Ihrer Beschwerde mit den Worten: „Gut, dass Sie angerufen haben", dann haben Sie es auf jeden Fall mit einem Telefonprofi zu tun. Wenn Sie in Zukunft dazugehören wollen, dann wird Ihnen dieses Buch helfen. Sie erfahren, welche Unterschiede zwischen einem persönlichen Gespräch und einem Telefonat von Bedeutung sind und wie Sie die Telefonsituation zu Ihren Gunsten nutzen können, etwa wenn es um Informationsbeschaffung geht.

In Zukunft werden Sie sicher verstärkt auf den Klang Ihrer Stimme und den anderer achten, nachdem Sie wissen, wie stark hiervon eine Beziehung beeinflusst wird und wie wichtig der Klang Ihrer Stimme für den Aufbau von Glaubwürdigkeit und Vertrauen ist. Denn auch beim Telefonieren gilt: „Lügen haben kurze Beine."

Um ein Telefonprofi zu werden, sind vor allem Zuhörqualitäten gefragt. Deshalb finden Sie viele Anregungen, wie Sie sich im aktiven Zuhören üben und durch geschickte Fragetechniken das Telefonat in Ihrem Sinne steuern können.

Im Service setzt sich immer mehr ein positiver Sprachgebrauch durch, den Sie in diesem Buch trainieren können. Sie werden erstaunt sein, wie sich durch positive Formulierungen Ihre Bezie-

So werden Sie ein Telefonprofi!

hung zu anderen Menschen verbessern lässt. Selbst wütende Kunden lassen sich damit beruhigen und schüchterne zum Reden bringen. Auch werden Sie erfahren, warum es Ihnen bei Angriffen und Vorwürfen oft schwer fällt, angemessen zu reagieren, und wie Sie zukünftig solche Situationen souveräner meistern.

Trotz E-Mail, Internet und Intranet nimmt das Telefon weiter an Bedeutung zu. Persönliche Besuche, etwa bei Kunden, sind im Gegensatz zu einem Telefonat nämlich wesentlich teurer. So kann man an einem Tag vielleicht je nach Entfernung und Verkehrssituation ca. vier bis fünf intensive Kundengespräche führen, jedoch in der gleichen Zeit mindestens 20 ebenso Erfolg versprechende Telefonate.

Obwohl sich Telefonate inhaltlich stark unterscheiden können, gibt es Grundsituationen, die immer wieder auftauchen, etwa, wie man reagieren sollte, wenn der gewünschte Gesprächspartner gerade in einer Besprechung ist, oder wie man herausfindet, was der Anrufer will, oder wie man auch einmal einen aufdringlichen Anrufer abwimmelt. Für solche und andere Standardsituationen finden Sie in diesem Buch sehr viele Anregungen und Formulierungshilfen. Nehmen Sie unsere Vorschläge als Ausgangspunkt. Probieren Sie sie aus und entwickeln davon ausgehend eigene Formulierungen. Denn Natürlichkeit ist auch beim Telefonieren Trumpf.

Wir freuen uns, wenn Sie uns nach dem Durchlesen dieses Buches Hinweise und Tipps geben können, was wir noch besser machen können. Wenn Sie das Gelesene praktisch vertiefen wollen, rufen Sie uns an. Testen Sie so zugleich unser Telefonverhalten. Stellen Sie uns Fragen oder geben Sie uns weitere positive oder negative Beispiele, die Sie beim Telefonieren erlebt haben.

Johanna Schott und *Klaus Steinke*

Wir bitten insbesondere unsere weiblichen Leserinnen um Verständnis, dass wir bei Begriffen wie „Kunden" oder „Anrufer" jeweils nur die übliche männliche Form verwenden. Bitte ersetzen Sie für sich diese Begriffe durch die weibliche Form.

Das sollten Sie beim Telefonieren grundsätzlich beachten!

1

Natürlichkeit ist Trumpf!

Natürlichkeit am Telefon heißt nicht, dass man sich so verhält wie daheim am Küchentisch. Die wahre Kunst ist es, das Verhalten am Telefon natürlich erscheinen zu lassen. Papageienhaft wiederholte „kundenfreundliche Formulierungen", die von „höherer Stelle" vorgeschrieben oder befohlen werden, z.B.: „Guten Tag. Hier ist die Landesgewerbebank Baden-Württemberg, Kreditsicherungsabteilung. Sie sprechen mit Eva-Regine Mautheuser-Scharrenberger. Was kann ich für Sie tun?" machen die sich meldende Mitarbeiterin und ihr Unternehmen unglaubwürdig, wenn sie sich mit der Formulierung nicht identifizieren kann. Aufgesetzte Handlungsanleitungen schaden der Arbeit am Telefon oft mehr, als sie nutzen.

Natürlichkeit heißt vom Wortsinn her „der jeweiligen Natur entsprechend". Deshalb gibt es am Telefon kein richtiges oder falsches Verhalten, sondern lediglich ein der jeweiligen Situation angemessenes oder nicht angemessenes Verhalten. Wenn dieses als natürlich empfunden wird, dann war es passend.

Die Formulierung „Wen darf ich bitte melden?" empfindet man bei einer jungen Auszubildenden als aufgesetzt und unnatürlich, beim Butler einer alten Gräfin als angemessen. Kindergeschrei im Hintergrund ist bei einem Telefonat mit einem Kindergarten zu erwarten, bei einer Bank – außer vielleicht am Weltspartag – nicht. Ein Kichern vor einem Menschen, der einem eben mitteilt, dass der Ehepartner gestorben ist, ist unpassend; aber vor einem Menschen, der einem einen guten Witz erzählt, ist es natürlich.

Wichtig: Für den Erfolg beim Anrufer ist Natürlichkeit Trumpf. Diese Natürlichkeit ist eine erworbene Natürlichkeit, und deshalb genügt es nicht, dieses Buch nur zu lesen. Um erfolgreich zu sein, müssen Sie die Anregungen, Tipps und Hinweise, die Sie als sinnvoll für sich akzeptieren, so lange üben, bis sie Ihnen in Fleisch und Blut übergegangen sind.

Jede Telefonsituation wird durch folgende vier Faktoren geprägt:

- die anrufende Person

- das Anliegen

- das jeweilige Umfeld

- die angerufene Person

Umfeld 1   **Umfeld 2**

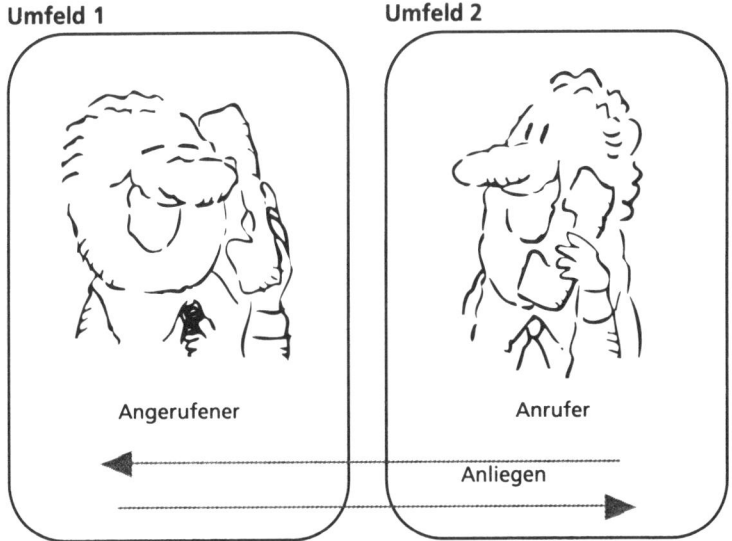

Angerufener   Anrufer

Anliegen

In der unmittelbaren Telefonsituation kann man weder den Anrufer noch sein Anliegen noch sein Umfeld austauschen. Die Faktoren, auf die Sie in diesem Moment sofort Einfluss nehmen können, sind Ihr Umfeld und Ihr eigenes Verhalten. Nur mit diesen lassen sich indirekt die Faktoren bei der Gegenseite beeinflussen. So bestimmen Sie durch Ihr Verhalten, ob ein Telefonat in die von Ihnen gewünschte Richtung läuft. Doch wenn die andere Person auf Konfrontation aus ist, können Sie mit Engelszungen reden und werden dennoch wenig Erfolg haben. Als Befriedigung bleibt Ihnen jedoch, wenn Sie hinterher sagen können: „Ich habe von

Das sollten Sie beachten!

meiner Seite aus alles getan, was in meiner Macht stand, etwa um die andere Person daran zu hindern, zum Rechtsanwalt zu gehen, um mein Unternehmen auf Schadenersatz zu verklagen."

Hinzu kommt: Bei jedem Telefonat werden die Karten neu gemischt; man weiß nie, was einen erwartet, wenn das Telefon klingelt. Selbst eine im Display erscheinende Telefonnummer sagt Ihnen nur, wer anruft, aber nicht, was die Person von Ihnen will.

Eine weitere Erfahrung aus der Telefonpraxis ist: „Wie man in den Wald hineinruft, so schallt es heraus." In fast jedem Gespräch ist Ihr Verhaltensspielraum größer, als Sie denken.

Beispiel:

Während der Vorbereitung einer Telefonschulung haben wir mit einigen Mitarbeiterinnen einer Abteilung Vorgespräche darüber geführt, wie es ihnen in der täglichen Routinearbeit am Telefon ergeht und wo sie „Leidensdruck" spüren. Drei beklagten sich über die „sehr schwierigen" Gesprächspartner, tägliche Negativerfahrungen mit „frechen", „aufsässigen" „Nervensägen", die „persönlich beleidigend" einem „jede Lust an der Arbeit rauben". Eine vierte Mitarbeiterin erzählte, sie hätte „Freude an der Arbeit" mit „im Großen und Ganzen sehr angenehmen Kunden", aber sie sei neugierig, was sie noch dazulernen könne.

Wir nahmen an, dass diese Mitarbeiterinnen es mit jeweils unterschiedlichen Anrufern zu tun hatten, und waren im ersten Moment verdutzt, als uns klar wurde, dass alle vier auf dieselbe Telefonnummer geschaltet sind. Bei ansonsten gleichen Voraussetzungen versteht es nur die vierte Mitarbeiterin, durch ihr Verhalten verärgerte und unfreundliche Anrufer positiv zu beeinflussen und sie in friedlichere Stimmung zu versetzen. Aus Nervensägen werden bei ihr freundliche Kunden.

Für Erfolg oder Misserfolg am Telefon ist nicht so sehr entscheidend, was gesagt wird, sondern wie es beim Gesprächspartner ankommt. Hierfür ein Gespür zu entwickeln, macht die Kunst des Telefonierens aus. Es geht deshalb häufig weniger um Tatsachen, sondern um Empfindungen und Gefühle.

Mogeln am Telefon erlaubt?

Da viele Faktoren in der Telefonsituation besser kontrolliert werden können als im Gespräch von Angesicht zu Angesicht, hat man am Telefon mehr Möglichkeiten, mit geringem Aufwand den Eindruck zu erwecken, den man will. Doch für den Fall, dass man beim „Mogeln" erwischt wird, sollte man eine gute Antwort parat haben.

So gibt es Firmen, die sich eine Telefonzentrale miteinander teilen. Die Telefonistin kann im Display ihrer Telefonanlage sehen, welche Rufnummer gewählt wurde, und meldet sich jeweils entsprechend: „Guten Tag, Finanzdienstleistungsclub." Oder: „Steuerberatung Mayer und Partner." Oder: „Anwaltskanzlei Hasensee." Die Anrufer nehmen an, dass es sich jeweils um ein größeres Unternehmen handelt, da eine eigene Telefonzentrale benötigt wird. Größe wird als Indiz für Beständigkeit und Güte angesehen. So gibt das Vorspiegeln von Größe für junge Unternehmen eine bessere Chance, dass ihren Angeboten Gehör geschenkt wird.

Achtung: Der Bluff fliegt auf, wenn die Kunden die jeweiligen Büros aufsuchen. Dafür müssen sich die einzelnen Büros mit plausiblen Erklärungen und Argumenten rüsten. In dem oben geschilderten Fall können die drei Unternehmen durch ihre Kooperation den Kunden einen Zusatznutzen bieten: Geldanlagen haben immer steuerliche Aspekte und, spätestens wenn es ans Erben geht, auch rechtliche Gesichtspunkte.

Fehlenden visuellen und körperlichen Kontakt geschickt ausgleichen

Die erste Besonderheit des Telefons besteht darin, dass kein visueller Kontakt besteht. Doch machen sich die allermeisten Menschen ein Bild von ihrem Gegenüber. So haben Sie selbst vielleicht ein Erlebnis im Kopf von einem Menschen, mit dem Sie angeregt telefonierten. Im Gespräch gewannen Sie die feste Überzeugung, Ihr Telefonpartner sei ein großer, durchtrainierter Mann. Als Sie ihn nach einigen Telefonaten schließlich persönlich kennen lernten, waren Sie überrascht: In natura war dieser Mensch eher von kleiner, rundlicher Gestalt, mit Brille und Bart.

Weil man den anderen nicht sehen kann, sucht man nach passenden Bildern und greift zu vorgefertigten Schablonen. Eine männliche Stimme muss Ahnung von Technik haben, bei weiblichen Stimmen werden technische Kenntnisse eher angezweifelt.

Beispiel:

Eine Seminarteilnehmerin – zweifache Ingenieurin und seit zwei Jahrzehnten im Beruf – wurde von einem Anrufer mit dem Satz beglückt: „Fräuleinchen, ich hätte gerne mal Ihren Boss gesprochen." Er bekam von ihr die Antwort: „Ich kann Sie gerne mit jedem meiner Mitarbeiter verbinden – aber wenn Sie den Boss sprechen wollen – das bin ich."

Wichtig: Die Besonderheit, dass am Telefon kein visueller Kontakt besteht, muss erlernt werden. Kleine Kinder im Alter zwischen zweieinhalb und drei Jahren kann man bei diesem Lernprozess beobachten. Vielleicht haben Sie schon ein telefonierendes Kind gesehen, das auf die Frage der Großmutter, ob sie zu Besuch kommen solle, eifrig nickt, aber schweigt. Oder ein Kind, das mit erwartungsvollen Augen ein selbst gefertigtes Kunstwerk am Telefon hochhält, nicht beachtend, dass sein Papa auf der anderen Seite es nicht sehen kann.

Auch Erwachsene berücksichtigen den fehlenden visuellen Kontakt nicht immer. So kann das Gegenüber nicht sehen, dass die angerufene Person gestiefelt und gespornt dasteht und eigentlich das Telefon nicht mehr abnehmen wollte. Aber er bemerkt die ungeduldige und gehetzte Sprechweise, bezieht dies auf die eigenen Worte und denkt sich: „Habe ich etwas Falsches gesagt?" Hier hätte die Aussage „Frau Schulz, ich stehe vor Ihnen mit Hut und Mantel, und in zwölf Minuten fährt mein Zug" gesprächsvergiftende Fehlinterpretationen verhindert. Oder das Computersystem sucht Daten, und die Telefonpartnerin hört nichts von dem Sachbearbeiter und rätselt für sich: „Ist er noch da?" Hier hätte die Aussage „Frau Maier, das System sucht noch" oder „Ich sehe im Moment eine Eieruhr auf meinem Bildschirm" der Telefonpartnerin gezeigt, dass man sich um sie kümmert.

> **Praxis-Tipp:**
>
> Setzen Sie Ihren Telefonpartner ins Bild: Alles, was um Sie herum geschieht und den Verlauf des Gesprächs beeinflusst, teilen Sie bitte Ihrem Gegenüber mit.

Fehlender Körperkontakt

Der fehlende Körperkontakt hat zwei Seiten. Es ist beruhigend, sich zu vergegenwärtigen, dass ein aufgebrachter und wütender Anrufer, von dem Sie aufgrund seines Stimmvolumens vermuten, er sei ein Zwei-Meter-Mann – Modell Schrank –, nicht durchs Telefonkabel kriechen und körperlich gefährlich werden kann.

Das sollten Sie beachten!

Auf der anderen Seite ist es in psychischen Notsituationen nicht möglich, mit den Mitteln der Körpersprache Nähe zu zeigen und Hilfsbereitschaft zu signalisieren. So hat eine Kursteilnehmerin häufig mit Menschen Telefonkontakt, die in einem Aufzug stecken geblieben sind. In ihren Aufgabenbereich fällt es, Wartezeiten mit diesen Menschen per Telefon zu überbrücken, bis endlich ein Techniker kommt. Sie wünsche es sich oft, an diese Menschen herantreten zu können und durch ihre Nähe zu zeigen, dass sie da ist und man ihr vertrauen kann.

So können Sie am Telefon Nähe zeigen

- Distanz überwinden, indem zeitgleich zum Telefonat oder kurz danach ein Fax geschickt wird.

- Kontaktbereitschaft signalisieren mit Formulierungen wie „Ich bin gerne für Sie da", „Sie können mich gerne anrufen".

- Gemeinsamkeiten herausstreichen: „Frauen müssen zusammenhalten", „Männer müssen zusammenhalten", „Ach, Sie haben auch Kinder. Darf ich fragen, wie alt?", „Ich kann Sie da gut verstehen".

- Komplimente machen: „Das ist ein schöner Name", „Dies ist ein prima Vorschlag", „Es ist wirklich hilfreich, mit Ihnen darüber zu diskutieren".

- Rückruf versprechen: „In vier Minuten melde ich mich wieder bei Ihnen", und dann nach dreieinhalb Minuten schon anrufen.

- Den anderen mit seinem richtigen Namen ansprechen.

Das Telefon als ideales Mittel zur Informationsbeschaffung

Ein Telefonat wird in der Regel eins zu eins geführt. Zwar gibt es heutzutage die technische Möglichkeit einer Konferenzschaltung, doch kranken Telefonkonferenzen an der Frage, wer wann sprechen darf. In Besprechungen herkömmlicher Art wird der Wunsch, das Wort zu erhalten, mit Körpersignalen angezeigt: ein starkes Nicken, eine ausholende Handbewegung, ein vorgebeugter Oberkörper. Diese Signale fehlen am Telefon, und man ist unsicher, wer wann sprechen darf. So wird die Konferenzschaltung immer eine Ausnahme bleiben, solange die wenigsten ein Bildtelefon haben.

Telefonate werden seltener gestört als ein Gespräch vis-à-vis, was vielleicht erstaunen mag. Doch treten externe Störungen nur auf einer Seite auf. Die andere Seite bleibt, wenn sich für sie das Verhalten des Gesprächspartners nicht erkennbar ändert, unbeeinflusst. Sie telefoniert weiter und kann die andere Seite dadurch wieder ins Gespräch zurückziehen. Denken Sie z.B. an eine Situation, in der einer der beiden Telefonierenden eine Unterschriftsmappe zugeschoben bekommt. Dies hätte bei einem Gespräch von Angesicht zu Angesicht den Gesprächsfluss sicherlich gestoppt. Am Telefon wird dies nur dann passieren, wenn der Unterschreibende es unterlässt, in regelmäßigen Abständen Töne von sich zu geben.

Wichtig: Die Eins-zu-Eins-Beziehung ist intensiver, und das Gesagte steht im Vordergrund. Im Extremfall kann sich dies zu einer Art Beichtstuhlsituation ausweiten. Sie können Informationen erhalten, die Sie von Angesicht zu Angesicht nie erfahren hätten. Voraussetzung ist, dass es Ihnen gelungen ist, ein stabiles Vertrauensverhältnis herzustellen. Dieses Vertrauen kann gewonnen werden, indem Sie in Vorleistung treten und zuerst einiges von sich preisgeben. Auch Zuverlässigkeit beim Einhalten von Versprechungen und Vereinbarungen schafft dieses Vertrauen.

Das sollten Sie beachten!

Erleichtert wird das Sammeln von Informationen noch durch weitere für das Telefon typische Eigenschaften: Sie können am Telefon mitschreiben und Ihr Gegenüber sieht nicht, wie Ihre Ohren aus lauter Interesse immer größer werden.

> **Praxis-Tipp:**
>
> Entdecken Sie das Telefon als ideales Mittel zur Informationsbeschaffung: Am Telefon ist die Bereitschaft zur Informationsweitergabe im Allgemeinen höher als von Angesicht zu Angesicht.

Die Sache hat natürlich auch eine Kehrseite: Sie selbst sollten aufpassen, was Sie am Telefon verraten. Hilfreich sind Richtlinien, in denen Sie gemeinsam in der Firma festlegen, welche Informationen am Telefon weitergegeben werden dürfen und welche nicht.

Wichtig: Alle Informationen, die sich der Anrufer leicht über andere Informationsquellen beschaffen kann, zum Beispiel über Telefonbuch oder Internet, können weitergegeben werden.

Telefonate können leichter begonnen und beendet werden

Ein Telefonat lässt sich schneller beenden als ein direktes Gespräch. Wenn einer der Telefonpartner den Hörer auflegt, ist das Gespräch erst einmal abgeschlossen. Unabhängig davon, ob es von beiden Parteien gewollt ist oder nicht. Wurde im Zorn aufgelegt, obwohl der andere weitersprechen wollte, hinterlässt dieses Verhalten ungute Gefühle und die Beziehung ist meist auf längere Zeit geschädigt.

Gespräche am Telefon können ebenso leicht, wie sie beendet werden, auch wieder begonnen werden. Es kann ein zweites Mal angerufen oder zurückgerufen werden. Bei einem Gespräch vis-à-vis ist es schwieriger, Gespräche wieder aufzugreifen, denn der Aufwand, um noch einmal persönlich zusammenzukommen, ist höher, als um sich noch einmal anzurufen. Dies eröffnet die Möglichkeit, in Situationen, in denen der Anruf ungelegen kommt oder unklar ist, was man antworten soll, den Anruf einfach zu vertagen. So können Sie bei Fragen, bei denen Sie im Moment um eine Antwort verlegen sind, antworten: „Um Ihnen eine genaue Antwort zu geben, werde ich mich gerne für Sie erkundigen und Sie heute nachmittag gegen 16.00 Uhr zurückrufen."

Praxis-Tipp:

Ziehen Sie die Telefonnotbremse: Wenn Sie in einem Gespräch nicht mehr weiterwissen oder das Gespräch ungelegen kommt, ist es in den meisten Fällen möglich, einen Rückruf anzubieten. Vereinbaren Sie einen bestimmten Zeitpunkt, zu dem Ihr Telefonpartner erreichbar ist.

Hohe Anonymität – geringe Glaubwürdigkeit

Da am Telefon viele Faktoren fehlen, die die Wiedererkennung eines Anrufers ermöglichen, ist die Anonymität größer. So nimmt sich manch einer im Schatten der Anonymität mehr heraus, als bei einem Gespräch vis-à-vis. Die Mitarbeiterinnen und Mitarbeiter der Telefonauskunft können davon ein Liedchen singen. Auch haben verschiedene Call-Center mit gebührenfreien oder günstigen Servicenummern ihre Erfahrungen. So berichtet der Leiter der Verbraucherkommunikation eines Waschmittelherstellers, dass etwa 6 Prozent der eingehenden Gespräche so genannte Junk-Anrufe seien. Bei diesen Anrufen wollen Witzbolde sich einen Jux machen. Er empfindet diese 6 Prozent als vergleichsweise wenig.

Die erhöhte Anonymität führt zu geringerer Glaubwürdigkeit vor allem gegenüber Unbekannten. Persönliche Glaubwürdigkeit wird zum größten Teil durch unsere Körpersprache erzeugt. Viele Redewendungen in der deutschen Sprache beschreiben dies: „aufrechter Gang", „man steht für eine Sache" und „man kann jemandem in die Augen schauen." Dies alles ist am Telefon nicht möglich. Umso wichtiger werden andere Techniken, mit denen Glaubwürdigkeit erzeugt werden kann.

So erzeugen Sie Glaubwürdigkeit am Telefon

- Nennung überprüfbarer Fakten

- Angebot von Garantien

- Verzahnen der Telefonaktivitäten mit anderen Kontakt-formen: Briefe, persönlicher Kontakt

- Bürgen mit dem eigenen Namen

- Bezug auf gemeinsame Bekannte

- Einhalten von Versprechen

Der Klang Ihrer Stimme ist (fast) alles

Prof. Albert Mehrabian von der University of California hat unter-sucht, welche Kommunikationsfaktoren in welchem Maße zur Wirkung von Aussagen beitragen (siehe Literaturhinweise auf Seite 157). Seine Untersuchungen machen deutlich, wie unter-schiedlich das „Gespräch von Angesicht zu Angesicht" und die Situation am Telefon zu bewerten sind.

Vergleich: Direktes Gegenüber und ein Gegenüber am Telefon

Wie sehr man im persönlichen Gespräch – von Angesicht zu Angesicht – die Informationen zur Einschätzung anderer Menschen vor allem über die Körpersprache bezieht, ist den meisten nicht bewusst.

Der Gesichtsausdruck unseres Gegenübers gibt uns die wichtigsten Informationen über seine Gefühlswelt und momentane Befindlichkeit. Die Art seines Blickkontaktes beeinflusst seine Glaubwürdigkeit. Seine Körperhaltung vermittelt Informationen über Gesundheitsgrad und Kondition; Folgerungen über sein Temperament ziehen wir aus der Beobachtung seiner Gestik – ist diese ausdrucksstark oder eher zögerlich oder voller Verlegenheitsgesten. Im Gesprächsverlauf erkennen wir aus seiner Kopfhaltung und seinem Mienenspiel den Grad der Übereinstimmung mit unseren Aussagen. Sein Körperabstand zu uns ist ein Indiz, wie sympathisch man einander ist.

Der Geruch, Duft oder Gestank des anderen informiert über seine Körperhygiene, und Geruchsnoten eines passenden Parfums oder eines aufdringlichen Rasierwassers werden als Indiz dafür genommen, welcher gesellschaftlichen Schicht der andere zuzuordnen ist.

Aus seiner Kleidung und der Stilsicherheit bei ihrer Zusammenstellung schließt man auf Gruppenzugehörigkeit, Konformität, Wohlstand, Einkommen, Teilhabe an organisierter Macht oder Protest.

In vielen Untersuchungen hat Prof. Albert Mehrabian von der University of California erforscht, welche Faktoren zur Glaubwürdigkeit von Aussagen beitragen und wie groß ihr Anteil an der Gesamteinschätzung einer Situation ist.

Das sollten Sie beachten!

Besonders interessant ist das Ergebnis, wenn zwischen dem, was gesagt wird, und dem, wie es gesagt wird, eine Diskrepanz besteht. Wenn etwa jemand mit traurigem Gesichtsausdruck erklärt: „Ich freue mich, dass Sie zu unserer Veranstaltung gekommen sind", dann nimmt man diesem Menschen die Freude nicht ab und hält diese Aussage für unglaubwürdig.

In Zahlen ausgedrückt tragen die Worte dann noch zu 7 Prozent zur Glaubwürdigkeit bei, der Tonfall bereits zu 38 Prozent und der größte Anteil, nämlich 55 Prozent, entfällt auf die Körpersprache.

- Im Gespräch:

Körpersprache	55 %
Wortwahl	7 %
Klang der Stimme	38 %

Beim Telefonieren ändern sich die Relationen entsprechend, denn die direkte Wirkung der Körpersprache geht verloren. Worte werden wichtiger (von 7 Prozent auf 16 Prozent) und die Bedeutung des Klanges der Stimme wächst ins Unermessliche (von 38 Prozent auf 84 Prozent).

- Am Telefon:

Körpersprache	0 %
Wortwahl	16 %
Klang der Stimme	84 %

Am Telefon ist es mehr als viermal wichtiger, wie Sie etwas sagen, als was Sie (inhaltlich) sagen. Wie schon der Volksmund sagt: „Der Ton macht die Musik."

Übung: Stimme trainieren

Bitte sprechen Sie mehrmals folgende Sätze laut vor sich hin und achten Sie auf den Klang Ihrer Stimme: „Was kann ich für Sie tun?", „Ich helfe Ihnen gerne."

Stellen Sie sich nacheinander vor:

- Sie sprechen mit Ihrer besten Freundin.

- Sie haben es eilig, wollen weg, und Ihre letzte S-Bahn fährt in elf Minuten.

- Es ist Weihnachtstrubel, Sie haben diesen Satz heute schon 256-mal gesagt.

- Wenn dieser Kunde kauft, werden Sie Ihren persönlichen Umsatzrekord brechen (zwei Wochen Hawaii auf Firmenkosten wären die Prämie).

- Unmittelbar vorher wurden Sie von einem anderen Kunden persönlich beleidigt.

- Sie kennen den Kunden. Er hat schon zweimal an Ihren Chef geschrieben, dass Sie ihn hervorragend beraten haben.

- Sie kennen den Kunden. Er hat sich schon zweimal bei Ihrem Chef über Sie beschwert.

Praxis-Tipp:

Nehmen Sie Ihre Stimme auf: Wenn Sie sich selbst auf die Schliche kommen wollen, wie Sie am Telefon klingen, lassen Sie doch mal ein Aufnahmegerät mitlaufen, während Sie „live" telefonieren.

Wir empfehlen Ihnen, sich dreimal am selben Tag aufzunehmen:

- Zehn Minuten Aufnahme sofort nach Arbeitsbeginn

- Zehn Minuten Aufnahme unmittelbar nach der Mittagspause

- Zehn Minuten Aufnahme kurz vor Feierabend

Das sollten Sie beachten!

Es ist dabei nicht nötig zu hören, was Ihr Gegenüber gesagt hat – es geht nur um Ihre persönliche Wortwahl und den Klang Ihrer Stimme.

Hören Sie sich die gesamte Aufnahme mit den drei Stichproben ohne Unterbrechung an. Achten Sie dabei nur auf den Unterschied im Klang Ihrer Stimme. Es gibt Menschen, die klingen morgens überhaupt nicht gut. Manche sind nach der Mittagspause im „Mittagsloch". Bei den meisten Menschen ändert sich der Klang der Stimme im Tagesverlauf. Achten Sie darauf, ob Sie Veränderungen bei sich hören können.

Wenn Sie Ihre Stimme verbessern wollen

Folgende Ansatzpunkte haben Sie, wenn Sie den Klang Ihrer Stimme verbessern wollen: Ihre Arbeitsmittel, Ihre Einstellung und Motivation, Ihre Körperhaltung beim Telefonieren und Ihren Gesichtsausdruck.

Ihre Arbeitsmittel

Ihre Arbeitsmittel sollten stimmen, denn halbtaugliche Arbeitsmittel sind schleichende Motivationsräuber. Nutzen Sie die Vorteile aktueller und funktioneller Technik. Seien Sie offen für ständige Verbesserungsmöglichkeiten Ihrer Arbeitsabläufe.

Bei etwa einem Drittel aller Arbeitsplätze wird gespart – koste es was es wolle, selbst wenn es der eigene Erfolg ist, zum Beispiel Kulis, die nicht richtig schreiben, prellende Tastaturen, nicht vorhandene oder nicht mehr aktuelle Unterlagen, zu kurze Telefonkabel.

Wahrscheinlich könnten Sie diese Liste mühelos ergänzen, um die Dinge, über die Sie sich regelmäßig an Ihrem eigenen Arbeitsplatz ärgern.

Machen Sie sich klar, dass all diese kleinen Ärgernisse auch den Klang Ihrer Stimme verändern. Die Gereiztheit über das fehlende

Lineal bekommt auch Ihr Gegenüber am Telefon zu spüren, obwohl er nun wirklich nichts dafür kann.

Zu unserem Seminar- und Schulungskonzept gehört auch – falls gewünscht – das Betreuen und Coachen der Seminarteilnehmer am Telefon-Arbeitsplatz, während sie „live" telefonieren.

Beispiel:

In einem großen Call-Center fiel uns eine Mitarbeiterin auf, die oft mit verärgerter Miene an ihrer Sprechgarnitur (Headset) rüttelte. Jedesmal wurde auch ihr Tonfall dabei strenger und leicht vorwurfsvoll. In einer Gesprächspause darauf angesprochen, sagte sie, dass ihr Headset leider einen Wackelkontakt habe und sie nicht immer sicher sei, ob sie der Anrufer auch „unzerstückelt" hören könne. Auf die Frage: „Und wie lange ist das schon so?" kam die Antwort: „Seit fast einem halben Jahr ärgere ich mich schon damit herum!"

Achtung: Sehr viele Menschen bräuchten beim Telefonieren eigentlich drei Hände: Mit einer hält man den Telefonhörer am Ohr und mit den beiden anderen bedient man eine PC-Tastatur. Da wir aber nur zwei Hände haben, wird der Telefonhörer zwischen Schulterblatt und Ohr festgeklemmt. Dies sollten Sie aus zwei Gründen nie mehr tun:

- Ihr Kehlkopf wird dabei zusammengequetscht. Ihre Stimme klingt unangenehm und gepresst, und lässt im Kopf des Anrufers ein schlechtes Bild von Ihnen entstehen.

- Sie sind verspannt und bei Dauerbelastung entstehen Muskelkrämpfe und Rückenschmerzen.

Die beste Gesundheitsvorsorge für Sie ist das professionelle Headset, die Sprechgarnitur. Und auch Ihre Anrufer werden sich über neu gewonnenen Elan freuen.

Das sollten Sie beachten!

Ihre Einstellung und Motivation

Das Telefon dringt in unser Leben ein. Es klingelt und will beantwortet sein. Es fragt nicht, bei welcher Tätigkeit es die angerufene Person unterbricht. Manchmal kann der Verdacht aufkommen, es klingelt immer dann, wenn es am meisten stört. Im Extremfall kann ein tiefer Hass auf das Telefon entstehen.

Beispiel:

Eine Kursteilnehmerin erzählte: Sie ist Ehefrau eines Handwerkers und arbeitet im Betrieb ihres Mannes mit. Die Kunden wissen, dass sie den Meister am besten in der Mittagszeit erreichen. Genau in der Zeit, wenn die Familie am Mittagstisch sitzt und ein wenig Ruhe einkehren sollte. Die Mittagsidylle wurde häufig durch das Telefon unterbrochen. Sie hasste das Telefon. In der Baukrise Anfang der 80er Jahre klingelte das Telefon plötzlich nicht mehr. Zwar konnte die Familie in Ruhe mittagessen, doch tauchte bald die Frage auf, wovon es langfristig bezahlt werden sollte. Seit dieser Zeit hat sie angefangen, das klingelnde Telefon zu lieben.

Wenn man auf ein klingelndes Telefon zugeht und für sich denkt: „Oh nein – schon wieder!", dann ist das Gespräch von Anfang an in Gefahr schief zu laufen, denn der genervte Klang Ihrer Stimme wird Sie Lügen strafen, egal wie freundlich die Wahl Ihrer Worte auch immer sein mag.

Praxis-Tipp:

Verhelfen Sie sich zu guter Laune am Telefon: Hängen oder stellen Sie etwas fröhlich Stimmendes neben Ihr Telefon. Dies kann ein schöner Blumenstrauß sein. Schauen Sie darauf, bevor Sie das Telefon abnehmen. Wechseln Sie Ihren Gute-Laune-Macher regelmäßig.

Gewinnen Sie eine positive Einstellung zum Telefon. Zwar lassen sich Situationen nicht immer ändern, was sich jedoch immer ändern lässt, ist die Einstellung, die Sie dazu haben. Sehen Sie zukünftig jedes Telefonklingeln als Chance, alle Tricks und Hilfen dieses Buches anzuwenden. Am Telefon können Sie mit einfachen Mitteln ein positives Bild von sich erzeugen. Für den Anrufer haben Sie, wenn Sie freundlich und aufgeweckt klingen, gewaschene Haare, sehen phantastisch aus und sitzen an einem aufgeräumten Schreibtisch.

Einfluss von Körpersprache und Mimik

Der Einfluss der Körpersprache am Telefon kann nur unterschätzt, doch nicht überschätzt werden. Als aufmerksame Leserin oder Leser werden Sie nun vielleicht einwenden, dass wir einige Seiten vorher geschrieben haben, dass man sich am Telefon nicht sieht, und nun lesen Sie, dass Körpersprache und Mimik eine entscheidende Bedeutung zukommen. Zwar kann man diese am Telefon nicht sehen, aber man kann sie hören. Probieren Sie es aus:

- Stellen Sie sich wie ein Zinnsoldat auf: die Füße eng aneinander, die Arme an den Körper gepresst, den Kopf aufrecht, die Augen geradeaus. Sie sollten sich fühlen, als ob Sie einen Stock verschluckt haben. Nun sprechen Sie einige Sätze zu sich. Klingt Ihre Stimme gepresst, monoton? Vielleicht kamen Sie sich wie ein Roboter vor.

- Suchen Sie sich ein Gegenüber. Schauen Sie ihn finster und böse an (bitte vorwarnen!), und sagen Sie zu ihm: „Ich freue mich, dich zu sehen."

Die Körperhaltung und Mimik bestimmen den Klang der Stimme. Ihr Lächeln am Telefon hört man!

Das sollten Sie beachten!

Beispiel: ────────────────────────────

Ein Seminarteilnehmer erzählte uns: „In meiner Studienzeit arbeitete ich zwei Tage pro Woche in der Aus- und Fortbildungsabteilung eines großen Unternehmens.

Eines Tages kam unser Boss mit einem Korb am Arm ins Büro, ging durch die Abteilung und stellte jedem einen Frisierspiegel neben sein Telefon. Unsere fragenden Gesichter ließen ihn unbeeindruckt. Wir sollten jetzt jedes Mal, bevor wir den Telefonhörer abnehmen, zuerst in den Spiegel schauen, uns anlächeln, und dann erst das Gespräch annehmen. Wir lästerten ziemlich: „Das ist ein Witz, oder?", „Ich komm mir aber blöd vor, wenn ich das mache – warum sollte ich das tun?" Wir bekamen zur Antwort: „Ihr seid doch kreative Leute: Probiert es mal aus, vierzehn Tage nur, bis zur nächsten Mitarbeiterbesprechung."

Und wir haben es, zuerst skeptisch und zögerlich, ausprobiert. Nach vierzehn Tagen, auf unserem nächsten Abteilungstreffen, hatte jedoch jeder etwas über positive Kundenrückmeldungen zu berichten, die sonst nicht in dieser Form zu bekommen waren. „Waren Sie im Urlaub? Sie klingen so erholt!" – „Sie sind so freundlich heute ..."

So erzeugen Sie verschiedene Stimmungen am Telefon

Sie strahlen Festigkeit aus, wenn Sie das Gespräch im Stehen mit hüftbreitem Stand und beiden Beinen gleich gewichtet führen.

Sie strahlen Ruhe aus, wenn Sie sich bequem in Ihrem Stuhl zurücklehnen oder das Gespräch von einer bequemen Couch führen.

Telefongespräche clever führen

2

Pflegen Sie Ihr Image am Telefon

Ein Telefonat lässt sich mit einem Ballspiel vergleichen. Der Telefonpartner wirft einen Ball, den es zu fangen gilt, um ihn wieder zurückzuspielen. Die Kunst ist es, den Ball gelassen aufzufangen und ihn dann konzentriert an die Stelle zu werfen, wohin der Telefonpartner sich begeben soll oder wohin er voraussichtlich möchte. Ein Telefongespräch clever von Anfang bis Ende zu führen, setzt Übersicht über die Gesamtsituation voraus.

Ein professionelles Telefonat läuft nach folgendem Schema ab:

- Schritt 1: Begrüßung, Namen austauschen

- Schritt 2: Anliegen klären

- Schritt 3: Gespräch zu Ende führen

- Schritt 4: Gespräch protokollieren

Wichtig: Machen Sie sich klar: Jedesmal, wenn Sie ans Telefon gehen, ist Ihr Image und das Image Ihrer Organisation in Gefahr.

Bei einer Firma ruft jemand zum zweiten Mal an. Wie auch schon beim letzten Mal muss er das Telefon neun Mal läuten lassen, bevor endlich abgenommen wird. Eine heisere und gestresste Stimme meldet sich. Wie wird diese Firma vom Anrufer eingeschätzt? Wahrscheinlich als nicht kundenorientiert, wo es niemand für nötig hält, ans Telefon zu gehen. Dass dieses Urteil unter Umständen unfair ist, weil z.B. mehrere Mitarbeiter wegen einer Grippeepidemie zu Hause krank im Bett liegen, wird nicht bedacht.

Stellen Sie sich den Anrufer noch einmal vor. Er ruft nun bei einer anderen Firma zum zweiten Mal an. Wie auch schon beim letzten Mal meldet sich nach dem zweiten Klingeln eine angenehme Stimme. Er wird freundlich begrüßt, der Name der Firma genannt, und auch der Name der Mitarbeiterin am Telefon ist gut zu verstehen. Wie wird diese Firma vom Anrufer eingeschätzt? Wahrscheinlich glaubt er von der zweiten Firma, sie sei zuverlässiger und kompetenter als die erste Firma.

In der Regel reichen den Anrufern zwei gleichartige Erfahrungen, um das endgültige Urteil zu fällen.

Wie Sie sich am besten melden

„Sofort" abheben ist oft zu schnell

In Zeiten digitaler Verbindungstechnik dauert es oft nur Sekunden, bis die Verbindung steht. Wird am anderen Ende der Leitung sofort nach dem ersten Läuten abgenommen, ist dies zu früh. Der Anrufer wollte gerade noch seine Gedanken sammeln. Das zu schnelle Melden führt zu einem holperigem Einstieg. Er wird stammeln oder seine Überraschung darüber ausdrücken, wie schnell es ging.

In Schwaben sagt man von Menschen, die sich sofort melden: „Hat der sonst nichts zu tun?"

Geben Sie Ihren Anrufern die Chance, sich aufs Telefonat mit Ihnen in gewohnter Weise einzustimmen. Idealerweise heben Sie nach dem zweiten, spätestens nach dem dritten Läuten ab. Nach dem vierten Klingeln werden die meisten Anrufer schon wieder ungeduldig.

Für den ersten Eindruck gibt es keine zweite Chance

Entgegen einer weit verbreiteten Ansicht geht es beim Melden am Telefon nicht darum, ein wie auch immer geartetes Geräusch zu produzieren. Nutzen Sie die Chance, gleich am Anfang des Telefonats einen freundlichen Gesprächskontakt herzustellen. Dies bei einem unfreundlich begonnenen Gespräch später nachzuholen, ist unvergleichlich schwerer.

Praxis-Tipp:

Die Meldung soll verständlich, kurz und eindeutig sein. Sie soll erkennen lassen, ob der Anrufende mit der gewünschten Stelle verbunden ist. Der freundliche Klang der Stimme soll dem Anrufer signalisieren, dass er willkommen ist. Der Anrufer will wissen, mit wem er es zu tun hat, mit einem Mann oder einer Frau, und wie der andere heißt.

Sprechen Sie klar und deutlich

Sicherlich haben Sie am Telefon schon Meldungen erlebt, die ungefähr so klangen:

„... anet hinternäschl"   (Die Firma heißt „Alphanet International")

„auareiinklääschtapfff"   (Es handelt sich um die „Brauerei Winkler, Stapf")

Hier hat jemand, dank jahrelang erworbener Routine, gelernt, eine ganze Meldungszeile in wenigen Zehntelsekunden auszusprechen.

Was passiert dadurch mit der Gesprächsbeziehung? Der Anrufer versteht nicht, wo er gelandet ist. Er wird gleich zu Anfang gezwungen, nach dem Namen der Firma oder des Melders zu fragen. Es ist ihm die Möglichkeit genommen worden, den anderen mit dem richtigen Namen anzusprechen. Beides macht ihn unsicher und unterbricht seinen Gedankenfluss.

Der Angerufene hat durch seine schlampige Meldung die beste Chance für einen gemeinsamen Start in ein gutes Gespräch verpatzt.

Praxis-Tipp:

Faustregel: Die ersten zwei Silben Ihrer Meldung am Telefon gehen fast immer verloren.

Der Anrufer braucht eine kurze Reaktionszeit, um zu hören, dass jetzt ein Geräusch über die Leitung kommt. Er braucht nochmals kurze Zeit, um sich in den Klang der Stimme einzuhören: männlich oder weiblich, alt oder jung, Dialektfarbe, etc. Hörgeräteakustiker nennen diese Zeit die „Adaptationsphase des menschlichen Ohres". Wenn also gleich zu Beginn ein Name fällt, wird dieser meist nicht verstanden. Dem Anrufer fehlen die ersten zwei Silben.

Überlegen Sie: Was bleibt von Ihrer bisherigen Meldung übrig, wenn Sie die ersten beiden Silben wegstreichen?

Es ist also notwendig, etwas vor den Namen zu stellen, das dem Anrufer die Zeit zum Einhören lässt. Das könnten folgende Worte sein:

- „Firma" („Firma Greisinger und Co." Ist besser zu verstehen als „… singerunko").

- „Anwaltskanzlei" („Anwaltskanzlei Altmann und Partner" ist besser zu verstehen als „… unpartner".

- „Metzgerei" („Metzgerei Wundermann-Kroll" Ist besser zu verstehen als „… mannkroll".)

Viele Meldungen enthalten eine Grußformel. Diese kommt jedoch meist am Ende der Meldung. Unser Vorschlag ist es, den Gruß an den Anfang zu stellen. Dies hat gleich drei Vorteile:

- Auch wenn die ersten beiden Silben verloren gehen, ist es für den Anrufer leicht, sie wieder in Gedanken zum vollständigen Gruß zu ergänzen.

- Sie können den Gruß im Verlauf des Tages ändern. Fangen Sie mit einem „Guten Morgen" an, gehen Sie zu einem „Guten Tag" über und enden Sie mit einem „Guten Abend". Von morgens bis abends immer exakt das Gleiche sagen zu müssen, macht keinen Spaß und führt zu „heruntergeleierten" Meldungen. (Spätestens, wenn Sie sich zu Hause am Telefon mit dem Namen Ihrer Firma gemeldet haben, sollten Sie Ihre Meldung variieren).

- Der Gesprächspartner kann sich Ihren Namen besser merken. Der Gruß ist ein positives Signal an Ihren Gesprächspartner, aber keine zentrale Information. Das, was Sie als Letztes in Ihrer Meldung sagen, wird vom Anrufer besonders gut behalten, weil es nachklingt. So bleibt bei der Meldung „Firma Göschel. Sie sprechen mit Paul Mütschger. Guten Tag" vom Namen des Meldenden wenig im Gedächtnis haften.

Kommt eine Grußformel am Ende, ist die Aufmerksamkeit des Telefonpartners vergeudet worden. Auf die Formel „Womit kann ich Ihnen helfen?" können Sie getrost verzichten. Sie deckt ebenfalls den Namen zu und bringt keine zusätzlichen Informationen. Ein Anrufer will etwas von Ihnen und wird Ihnen das in fast allen Fällen auch ohne ein „Was kann ich für Sie tun?" sagen.

Checkliste: Richtiges Melden		
Eröffnung	**Name der Firma**	**eigener Name**
Guten Tag	study & train	Johanna Schott
Praxis	Dr. Müller	Sie sprechen mit Frau Ülgül.
Grüß Gott	Auto Müller	Mein Name ist Klaus Wehr.
Guten Morgen	Deltabank	Sie sprechen mit Jörg Weber.

Wenn die Gespräche in der Zentrale angenommen werden und es darum geht, die Gespräche möglichst schnell weiterzuverbinden, ist es im deutschen Sprachraum üblich, nur den Namen der Firma zu nennen. Das könnte zum Beispiel so erfolgen:

Guten Tag	Prokeda AG	Mit wem darf ich Sie verbinden?
Guten Abend	ABC Company	…

Wird das Gespräch von der Zentrale nun in die Abteilung verbunden, dann kann die Meldung so aussehen:

Kreditabteilung	Markus Maier
Kundenservice	Sie sprechen mit Klaus Steinke.

Stellen Sie sich Ihre persönliche Meldung zusammen und probieren Sie sie aus. Beobachten Sie, ob Sie von Ihren Gesprächspartnern gut verstanden werden. Seien Sie mutig und fragen Sie, wie der andere Ihre Meldung findet.

Ein weiteres Entscheidungskriterium ist die Frage, wie Sie sich bei Ihrer Meldung fühlen. Nur wenn Sie Ihre eigene Meldung mögen, wird Ihre Stimme glaubwürdig sein.

Praxis-Tipp:

- Corporate Identity (CI) bei der Meldung: Leider wird in vielen Unternehmen Wort für Wort vorgeschrieben, wie die genaue Firmenmeldung zu lauten hat. Nicht selten gibt es Mitarbeiter, die mit dieser Meldung unzufrieden sind, bis hin zum Hass.

- Es ist besser, für die Firmenmeldung einen Rahmen vorzugeben, der verschiedene Varianten zulässt. Der freundliche Klang der Stimme ist wichtiger als Uniformität.

Melden Sie sich mit Vor- und Nachnamen

Allen Beispielen des vorherigen Abschnitts ist gemeinsam, dass der ganze Name genannt wird, also Vor- und Nachname. Für dieses Vorgehen sprechen folgende Argumente:

- Sie treten als Person wesentlich stärker in Erscheinung: Prominente weltweit haben das schon lange begriffen. Kennen Sie „Fischer" oder „Joschka Fischer", „Clinton" oder „Bill Clinton", „Jagger" oder „Mick Jagger", „Schiffer" oder „Claudia Schiffer"?

  Häufige Nachnamen, wie Fischer, Maier, Müller, Schulz, sind eindeutiger wieder zu erkennen.

  Es ist – gerade am Telefon – sehr viel leichter, ein namenloses Wesen zu schikanieren als jemanden, dessen ganzen Namen man kennt.

- Der erkennbare Vorname kündigt die wichtigste Information Ihrer Meldung an – Ihren Nachnamen. Durch die Nennung des Vornamens wird die Aufmerksamkeit des Telefonpartners ausgerichtet auf das Speichern eines Nachnamens. Er achtet nun weniger auf die Bedeutung des Namens. Ein Blick in die bundesdeutschen Telefonverzeichnisse mit dem Ziel, Namen in ihrer Bedeutung zu erfassen, wird Sie verblüffen. Es wird Ihnen klar werden, dass viele Mitmenschen darauf angewiesen sind, die eigentliche Bedeutung ihres Nachnamens – oder dadurch ausgelöste Assoziationen – zu überspielen.

  In unserer Seminarpraxis sind uns des Öfteren Menschen begegnet, die ihres Nachnamens nicht froh wurden. Alle folgenden Wörter sind tatsächliche, oft regional verbreitete Familiennamen, die mehrfach in den deutschsprachigen Telefonbüchern vertreten sind:

Aa, Aas, Angst, Bordell, Bordelle, Brüllau, Depp, Dick, Dünn, Ficker, Fack, Fuck, Hölle, Klingel, Kohle, Kotze, Kuss, Licht, Loch, Penner, Pickel, Pip, Pippi, Piep, Piepel, Pissin, Sauer, Schrei, Schwanz, Schimpf, Schuld, Schuldig, Seckel, Stinka, Tote, Trink, Unschuld, Wicht, Wichtel, Willig, Wurst.

Eine Seminarteilnehmerin namens Thut erzählte, dass manche Leute auflegen, wenn sie sich nur mit „Thut" meldet.

■ Wenn Sie sich mit Ihrem ganzen Namen melden – Vor- und Nachname – zeigt dies, dass Sie nichts zu verbergen haben. Sie sind bereit, mit Ihrem ganzen Namen zu bürgen.

■ Es kann Fehleinschätzungen bezüglich Ihres Geschlechts verhindern. Wem vom uns ist es noch nicht passiert, dass wir einen Mann, der in einer höheren Stimmlage als der Durchschnitt spricht, irrtümlich mit „Frau" angesprochen haben oder eine Anruferin mit tiefem, sonorem Alt als „Herr" tituliert haben. Solche Situationen sind peinlich für beide Seiten. Die Meldung „Otto Schmid", „Renate Schweitzer" hätte diesen unangenehmen Holperer zuverlässig vermieden.

■ Gebräuchliche Vornamen können auch ein Nachname sein: Anton, Andrea, Berta, Doris, Friedrich, Gottlieb, Heinrich, Martin, Regine, Valery usw. Auch hier kann das Melden mit dem ganzen Namen dazu beitragen, den Familiennamen dem Anrufer zu vermitteln. Bei häufigen Missverständnissen sind auch folgende Varianten einen Versuch wert: „Sie sprechen mit Jens Heinrich." „Sie sprechen mit Herrn Martin."

■ Sie sind mit beiden Namen für alle internationalen Geschäftsgepflogenheiten gerüstet. So ist es in Amerika mehr und mehr üblich, sich im Geschäftsleben mit dem Vornamen anzureden.

- Es kann Missverständnisse verringern bei Nachnamen, die Begriffen der deutschen Sprache entsprechen, zum Beispiel Herr Schnell, Frau Wehr, Frau Hotel, Herr Mittag („Was, Sie haben schon Mittag?"), Lachnit, Ehrlich.

Beispiel:

Ein Meister eines Autohauses hat eine lustige Geschichte erlebt. Eines Tages erhielt er einen Anruf. Die männliche Stimme rief aufgeregt: „Schnell, bitte kommen Sie, wir haben einen Unfall!" Er fragte: „Wo?" und erhielt die genaue Beschreibung des Unfallortes. Als er sich dann nach dem Namen des Kunden erkundigen wollte, brach das Gespräch aus der Telefonzelle ab. Das Kleingeld war aufgebraucht. Lange rätselte er, wer denn der arme Kunde war. Zum Glück beschloss er, zwei Monteure zur Unfallstelle zu schicken. Später stellte sich heraus, dass ein Herr Schnell den Unfall gehabt hatte.

Bei manchen Organisationen oder Berufsgruppen scheint die Nennung des Vornamens heute noch unüblich. Aber es war in den 60er Jahren an deutschen Universitäten auch unüblich, dass sich Studentinnen und Studenten untereinander duzten. Heute kann man es sich kaum anders vorstellen.

Praxis-Tipp:

Nennen Sie Ihren Vor- und Nachnamen. So sind Sie als „ganze" Person für Ihren Telefonpartner da.

Die einzige Ausnahme von dieser Regel sind außergewöhnliche Vornamen, die für deutsche Ohren häufig wie Nachnamen klingen, zum Beispiel Aysel, Aische, Aitascha, Luca, Bhopal, Gotthelf, Fürchtegott, Kraft, Immo, Lüppo, Eilhard, Elo, Wilm, Köceri etc. Hier erhöht der Vorname häufig nur den Grad der Verwirrung.

Allerdings gilt auch hier: Probieren geht über Studieren. Machen Sie es abhängig von den Menschen, die Sie typischerweise anrufen.

Übung: **Deutlich sprechen**

Sprechen Sie Ihre Meldung deutlich mit allen Endungen und kurzen Pausen: Diese Übung kann Ihnen helfen, Ihre Aussprache zu verbessern: Zum Training flüstern Sie Ihre Meldung (nicht am Telefon!), so dass auch jemand am anderen Ende des Zimmers Sie gut verstehen kann. Wiederholen Sie diese Übung zehnmal. Wenn Sie merken, dass Sie in der täglichen Telefonpraxis wieder undeutlich werden – dann fangen Sie wieder zu flüstern an.

Den Namen des Telefonpartners herausfinden

Den Namen des Telefonpartners zu kennen, hilft in fast allen Telefonsituationen und ist gerade bei schwierigen Telefonaten ein einfaches, aber enorm wirkungsvolles Mittel der Gesprächsbeeinflussung. Telefongespräche werden persönlicher, Anonymität und Alltagsroutine verschwinden.

- Ohne das deutliche Nennen Ihres eigenen Namens geht es nicht. Wer zu Beginn den eigenen Namen nuschelt, braucht sich nicht zu wundern, wenn er als Retourkutsche etwas ähnlich Undeutliches zurückerhält. Das eigene Verhalten spiegelt sich oft im Verhalten des Anrufers. So nennt der Telefonpartner häufiger den eigenen Vornamen, wenn die angerufene Person sich zuvor selbst mit Vornamen gemeldet hat.

- Versichern Sie sich, ob Sie den Namen richtig verstanden haben. Profis notieren sich sofort, was sie verstanden haben, gegebenenfalls auch ungefähr.

Wenn Sie bezüglich des Namens unsicher sind, fragen Sie an dieser Stelle des Gespräches nach:

- „Mit wem spreche ich?"

- „Würden Sie bitte Ihren Namen wiederholen?"

- „Ich spreche mit Frau ...?"

- „Herr ...?"

- „Wie ist Ihr Name, bitte?"

- „Seien Sie so freundlich und wiederholen Sie mir Ihren Namen."

Praxis-Tipp:

- Sagen Sie nie: „Wie war Ihr Name?" Diese Frage ist unprofessionell und fast drollig. Von Verstorbenen reden wir in der Vergangenheitsform – und Ihr Anrufer ist ja nicht tot.

- Bei frisch verheirateten Damen – oder auch Herren – kann es Ihnen passieren, dass artig geantwortet wird: „Früher hieß ich Kächele."

Was macht man, wenn trotz Nachfragens der Name auch beim zweiten Versuch immer noch nicht verstanden wurde? Viele geben an dieser Stelle auf und vermeiden den Namen des Gesprächspartners. Oder sie produzieren verschämt ein Geräusch, das so ähnlich klingt wie das, welches sie gehört haben.

Ein Telefonprofi gibt nicht auf und sagt: „Ich würde Sie gerne mit Ihrem richtigen Namen ansprechen, bitte helfen Sie mir (und wiederholen Sie noch einmal Ihren Namen)."

Wenn's gar nicht anders geht: Buchstabieren

Zwar klärt dies die Sache zwischen Vollprofis eindeutig, jedoch – es kostet Zeit. In vielen Fällen sind Sie schneller, wenn Sie den Namen umschreiben: „Winter – wie die Jahreszeit?" – „Nein, wie der Wind und der Herr im Himmel. Wind-Herr – es ist ein Doppelname." Das geht schneller und besser als „Wilhelm, Ida, Nordpol …" Die meisten Menschen buchstabieren ihren eigenen Namen im D-Zug-Tempo – fast immer zu schnell für den anderen.

Falls Sie mit den Standard-Buchstabier-Alphabeten (siehe Anhang) nicht zurechtkommen, bremsen Sie den anderen mit „Moment, Ihr Name schreibt sich Zett, Uh, …", fangen selbst an zu buchstabieren und hoffen, dass Ihr Telefonpartner nun in Ihrem Stil das Werk vollendet oder Sie zumindest unterbricht und korrigiert.

Es kann auch vorkommen, dass der Anrufer aus irgendeinem Grund seinen Namen nicht nennen will. Hier hat sich die folgende Formulierung bewährt: „Mein Name ist Claus Schott und Ihr Name ist …?"

Wenn Sie den Namen nun kennen, sollten Sie ihn auch anwenden. Nach Dale Carnegie ist der süßeste Klang in den Ohren eines Menschen sein eigener Name. Allzu viel „Zucker" ist ungesund. („Grüß Gott, Herr Brösämle. – Ja, Herr Brösämle. – Nein, Herr Brösämle. – Gern, Herr Brösämle. – Natürlich, Herr Brösämle. – Auf Wiederhören, Herr Brösämle." und dann zum Kollegen: „Du, es war der Brösämle.")

Unser Vorschlag: Verwenden Sie den Namen dreimal im Gespräch: zu Beginn, in der Mitte und in jedem Fall zum Abschied. Mit akademischen oder anderen Titeln („Frau Professor", „Herr Landrat") machen Sie es genauso.

Wie warten lassen?

Es gibt immer wieder Situationen, in denen der Anrufer warten muss. Warten ist selten ein Vergnügen. Es kann vorkommen, dass beide Telefonpartner gemeinsam warten müssen, z.B. bis die Computermaske geöffnet ist. Setzen Sie in diesen Fällen Ihren Partner ins Bild, sagen Sie ihm, was sich tut: „Das System sucht noch", „Einen Moment, ich rufe die Bestellmaske auf."

Schwieriger ist es, wenn der Partner alleine warten muss. Fragen Sie ihn, ob er warten möchte: „Haben Sie einen Moment Zeit?" Bitte warten Sie die Antwort ab und drücken Sie erst dann die Stummtaste. Oder geben Sie ihm zumindest einen Hinweis: „Ich bin gleich wieder bei Ihnen." Lassen Sie einen Menschen maximal 45 Sekunden alleine in der Leitung schmoren und melden Sie sich spätestens dann mit der Antwort oder einem kurzen Lebenszeichen zurück. Falls Sie wissen, dass es länger als eine Minute dauern wird, kündigen Sie dies dem Telefonpartner an: „Es wird ungefähr zwei bis drei Minuten dauern. Möchten Sie so lange warten oder wäre es Ihnen lieber, wenn ich Sie zurückrufe?"

Praxis-Tipp:

Testen Sie Ihre eigene Telefonanlage: Rufen Sie bei sich an, lassen Sie sich weiterverbinden, auf „stumm" oder „Warten" schalten. Welche Geräusche hören Sie? Funktioniert es, wie beabsichtigt? Was passiert, wenn Sie verbunden werden und niemand hebt ab?

Wartemusik

Machen Sie sich klar, was Sie Ihren Anrufern antun, wenn Sie sie auf „Warten" schalten. Was erlebt Ihr Anrufer da?

Die ungünstigste Variante ist, dass er überhaupt nichts hört und darüber nachdenken darf, ob er aus der Leitung geflogen ist.

Nur wenig angenehmer ist eine computerisierte Automaten-stimme, die grabesdunkel wiederholt: „Bitte warten. – Please hold the line."

Bei manchen Unternehmen wird während der Wartezeit Firmen-werbung gesprochen. Dies setzt sie jedoch dem Verdacht aus, dass sie den Anrufer absichtlich etwas länger warten lassen, da-mit er von ihrer Werbung berieselt wird.

Oder wird Ihr Anrufer mit Geklimper gefoltert? Das Grundmotiv von „Für Elise" oder auch der Anfang der „Kleinen Nachtmusik" sind nicht besonders angenehm, wenn man sie fünfmal hören muss.

In den meisten Fällen ist „richtige" Musik eine akzeptable Lö-sung, jedoch nur, wenn auch die Lautstärke auszuhalten ist.

Suchen Sie etwas Passendes aus. Ein Naturschutzverband nimmt als Wartemusik Naturgeräusche. Ein auf Amerika spezialisiertes Reisebüro wird nichts falsch machen, wenn als Wartemusik Oldies gespielt werden, z.B. „If you're going to San Francisco ..." Für ein Forstamt sind vielleicht Waldhornmusik und Männerchöre mit Liedern über den deutschen Wald das Angemessene. Versuchen Sie, einen Kompromiss zu finden zwischen Anhörbarkeit und Dezentheit. Zu aufwühlend, zu attraktiv, zu anspruchsvoll sollte Ihre Wartemusik nicht sein.

Praxis-Tipp:

Achten Sie darauf, dass Sie mit Ihrer Wartemusik nicht unfrei-willig komisch wirken.

In einer Servicehotline für abgestürzte Netzwerke wird es kein Kunde gut finden, wenn er als Wartemusik zu hören bekommt: „Versuch's mal mit Gemütlichkeit."

Bei einem Unternehmen, das uns das falsche Ersatzteil für ein Bürogerät geliefert hatte, und das zehn Tage später als ursprünglich zugesagt, wurde erst nicht abgehoben, dann flogen wir beim Weiterverbinden aus der Leitung. Beim zweiten Versuch konnte uns niemand sagen, wer der richtige Ansprechpartner für unsere Fragestellung sei. Als Wartemusik wurde eingespielt: „Weeeeeee are the champions, my friend."

Wartemusik darf etwas kosten

In vielen Organisationen wird fade Wartemusik eingespielt, die den einzigen Vorzug hat, dass keine GEMA-Gebühren anfallen. Etwas Geld für eine angenehme und passende Wartemusik zu investieren, also für eine, die GEMA-Gebühren kostet, lohnt sich jedoch.

Wie viel Geld wird vergeblich dafür ausgegeben, Kunden dazu zu bringen, dass sie zum ersten Mal mit unserer Firma Kontakt aufnehmen. Wenn uns ein Kunde anruft, dann hat er allerhöchste Aufmerksamkeit und Interesse verdient. Vergraulen Sie ihn nicht gleich am Anfang durch Sparsamkeit am falschen Fleck.

> **Praxis-Tipp:**
>
> Bezahlen Sie die GEMA-Gebühren für Ihre Wartemusik aus dem Werbe-Etat.

Gekonnt weiterverbinden

Bei manchen Organisationen kann man den Eindruck gewinnen, dort wird nicht weiterverbunden, weil es notwendig ist, sondern weil es Gelegenheit gibt vorzuführen, welch tolle Telefonanlage man hat.

Die erste Regel lautet: Nur weiterverbinden, wenn es notwendig ist. Alles, was Sie selbst machen können, sollten Sie auch selbst machen. Denn niemand wird gerne weiterverbunden. Davon kann auch der legendäre Buchbinder Wanninger (Karl Valentin) eine Geschichte erzählen.

Dass das „Buchbinder-Wanninger-Syndrom" auch heute noch sein schreckliches Unwesen treibt, zeigen uns eigene Erlebnisse und die Erfahrungen von Seminarteilnehmern. Unser persönlicher Rekord im Weiterverbunden-Werden steht auf sechs Mal bei einer städtischen Behörde. Sechs Mal die eigene Leidensgeschichte erzählt, danach waren wir wieder an der Stelle, an der wir angefangen hatten. Die Forschungsstelle Management und Marketing an der Universität Kassel hat dies deutschlandweit untersucht. Sie wurden bis zu 14-mal weiterverbunden.

Hilfen gegen akute „Weiterverbinderitis"

- Direkte Durchwahl im Schriftverkehr angeben

- Gut informierte und ausgebildete Mitarbeiter in der Telefonzentrale

- Ein gepflegtes Telefonverzeichnis, möglichst in der EDV, da tagesaktuell

- Das Telefonverzeichnis nach mehreren Schlüsseln gegliedert: Namen, Aufgabengebiete, Kurzzeichen, Organigramm, „Wer kann welche Fremdsprache", falls Sie internationale Kontakte haben

- Einen „Heißen Draht" als Auffangbecken für diejenigen Sonderkunden, für die eigentlich niemand zuständig ist

- Telefonisches Rückfragen in der Abteilung, bevor man verbindet

---

Die zweite Regel lautet: Man soll nur weiterverbinden, wenn man es technisch beherrscht. Dies sollte selbstverständlich sein, aber vielleicht haben auch Sie schon folgende Aussage gehört: „Ich versuche jetzt, Sie weiterzuverbinden. Falls es nicht klappt, rufen Sie bitte nochmal an."

Die dritte Regel lautet: Seien Sie der persönliche Schutzengel Ihres Anrufers. Beschützen Sie ihn vor allem Unbill. Nehmen Sie ihn hörbar an die Hand, indem Sie ihn mit seinem Namen ansprechen und sagen, wohin Sie ihn geleiten möchten. Dies kann so geschehen: „Herr Schulz, ich verbinde mit Frau Jensch, Ihrer Kundenberaterin." Nun kann es sein, dass Sie nur in die Abteilung verbinden können und nicht mit einer bestimmten Person. Dann kann der Geleitschutz wie folgt klingen: „Herr Schulz, ich verbinde mit unserer Kundenberatung."

Wenn Sie sich nicht sicher sind, wer die richtige Ansprechperson für Ihren Gesprächspartner ist, fragen Sie zuerst telefonisch selbst nach und verbinden dann. Dieses Vorgehen ist auch ratsam, wenn Ihr fachlicher Sachverstand größer ist als der des Anrufers und Sie deswegen besser in der Lage sind, sein Anliegen dem zuständigen Kollegen zu vermitteln.

Das Vorinformieren der Ansprechperson ist ein Muss, wenn der Kunde verärgert ist. Jedes Mal, wenn ein verärgerter Kunde die gleiche Geschichte noch einmal erzählen darf, wird sie in der Regel länger und sein Ärger größer. So redet sich der Kunde in Rage. Wenn dagegen die zuständige Person schon vorab informiert wurde, kann sie dem Kunden den Wind aus den Segeln nehmen. Der Kunde fühlt sich von Anfang an verstanden und mit seinem Anliegen ernst genommen.

„Keiner da" – Was nun?

Jemand ruft an und möchte mit Frau Schulz verbunden werden. Frau Schulz ist jedoch außer Haus. Was soll man antworten?

Grausam sind Telefonate, die nach folgendem Schema ablaufen:

A: „Ich möchte gerne Herrn Mayer sprechen."

B: „Au, der isch net da."

A: „Wann ist denn Herr Mayer wieder zu sprechen?"

B: „Sie, des weiß i net."

A: „Können Sie ihm etwas ausrichten?"

B: „Joahh."

A trägt sein Anliegen vor und wird unterbrochen.

B: „Au, da muss i erscht an Zettel hole."

Solche Gespräche sind mühselig. Zwar sind die Antworten von B kurz, doch helfen sie nicht weiter.

Wie sind solche Situationen zu retten?

Beantworten Sie die Frage des Anrufers kurz und wahrheitsgemäß und machen Sie sofort ohne Zögern ein Hilfsangebot, wie:

A: „Ich möchte gerne Herrn Mayer sprechen."

B: „Herr Mayer ist ab etwa 15.00 Uhr wieder im Haus. Was darf ich ihm ausrichten?"

Dieses Vorgehen hat zwei Vorteile:

- Sie zeigen sich serviceorientiert und kundenfreundlich.

- Sie können das vorschlagen, was Sie anbieten möchten. Der andere muss sich erst einmal mit Ihren Vorschlägen auseinander setzen, bevor er auf andere Gedanken kommt.

Telefongespräche clever führen

Besonders wirkungsvoll ist hier die Alternativfrage, die wir unter „Fragen" im Kapitel 3 genauer untersuchen. Wenn Sie den Vorschlag machen: „Möchten Sie mit seinem Stellvertreter verbunden werden, oder wollen Sie später nochmals anrufen?", ist z.B. die Möglichkeit eines Rückrufes fast schon ausgeschlossen. Normalerweise wählt man bei Alternativen aus den angebotenen Möglichkeiten.

Welche Informationen an Unbekannte?

Ein Kollege ist im Urlaub

Grundsätzlich sollten keine persönlichen Informationen an Unbekannte weitergegeben werden. So kann die Aussage: „Er ist im Urlaub" schon gefährlich sein. Sie wissen nie, was andere mit solchen Informationen anfangen. Es ist schon vorgekommen, dass der fragliche Kollege aus dem Urlaub zurückkam und seine Wohnung völlig leergeräumt vorfand.

Außerdem verlockt das Reizwort „Urlaub" potenzielle Vielredner dazu, neugierig nachzufragen: „Wo ist er denn hingefahren?" Danach folgen ausgiebige Episoden eigener oder anderer Urlaubserlebnisse, die eine geringe Überschneidung mit diesem Urlaubsland haben und selten weiterführend sind. Wenn es schon sein muss, dann sagen Sie wenigstens „Er ist auf Reisen". Dies klingt formeller und kann auch eine geschäftliche Verpflichtung sein, bei der die Familie weiterhin das Haus hütet.

Ein Kollege ist nicht am Arbeitsplatz

Geben Sie keine Details über Ihre Kollegen preis. Denn auch Ihre Dankbarkeit wird gering ausfallen, wenn ein Kollege Details über Ihren momentanen Gesundheitszustand ausgeplaudert hat: „Er ist gerade beim Arzt, um sich etwas gegen seine Magenentzündung verschreiben zu lassen." Dank dieses hilfsbereiten Kollegen hat man nun bei jedem Rückruf das zweifelhafte Vergnügen, sich wohlgemeinte Ratschläge oder fürsorgliche Nachfragen anhören zu müssen. Eigentlich wollte man das Ganze erst einmal vergessen.

Achtung: Details darüber, wo sich der gewünschte Gesprächspartner im Moment befindet, helfen dem Anrufer nicht wirklich weiter. Viel mehr ist ihm geholfen, wenn er erfährt, wann sein Ansprechpartner wieder da ist und was man ihm stattdessen anbieten kann.

Auch wenn Sie Fragen normalerweise beantworten sollten – die Frage „Wo ist er denn?" beantworten Sie nicht, sondern gehen, wenn möglich, darüber hinweg: „Er ist im Moment telefonisch nicht erreichbar. Was ich für Sie tun kann, ist Folgendes …"

Die Antwort „Er ist in einer Besprechung" ist nur bei wirklichen „Besprechungsberufen", wie Rechtsanwalt, Steuerberater oder Pfarrer, glaubwürdig. In den meisten anderen Fällen hat die Aussage – oft verwendet – den Beigeschmack einer Schutzbehauptung.

(Neutrale) Details schaffen Glaubwürdigkeit. Wir schlagen vor: „Er ist in einer Abteilungsbesprechung", „Er ist in einer Verkaufsverhandlung."

Wichtig: Vermeiden Sie jedoch den Satz: „Er telefoniert gerade mit einem wichtigen Kunden." Denn jeder Kundin und jedem Kunden sollte der Eindruck vermittelt werden, er oder sie sei wichtig.

Einem Kollegen wurde gekündigt

Eine häufig gestellte Frage in unseren Seminaren lautet: „Was sagt man, wenn ein Mitarbeiter der Firma das Unternehmen auf unschöne Weise verlassen hat oder gehen musste?" In dieser Situation gibt es kein Patentrezept. Wenn Sie Ihre Firma in ein schlechtes Licht stellen, schadet es der zukünftigen Geschäftsbeziehung mit diesem Kunden. Wenn Sie den früheren Kollegen anschwärzen, dann kann es sein, dass der Kunde Partei für seinen früheren Ansprechpartner ergreift, was der Beziehung zu Ihrem Unternehmen auch nicht dienlich ist. Antworten Sie neutral und kurz, formulieren Sie das Ganze möglichst positiv und lenken Sie mit einer Folgefrage das Gespräch in einen sicheren Bereich: „Herr Mayer hat das Unternehmen verlassen. Ich habe seinen Bereich übernommen. Rufen Sie wegen einer neuen Bestellung an?" Oder: „Frau Schulz hat zu einer anderen Firma gewechselt, nun ist Herr Schmidt dafür zuständig. Darf ich Sie verbinden?"

Am schönsten ist es, wenn der Kollege, der die Firma verlässt, dies seinen Geschäftspartnern selbst mitteilt. Er sollte persönlich bei den Gesprächspartnern um Vertrauen für die neue Kollegin oder den Kollegen werben. Dies kann in einem Brief geschehen oder auch per Telefon.

Alternativen, die Sie anbieten können

Es stehen Ihnen theoretisch viele verschiedene Möglichkeiten zur Verfügung. An Ihnen ist es, zu entscheiden, was in der jeweiligen Situation das passende Angebot ist. Die folgenden Angebote sind meistens möglich und nach ihrer allgemeinen Kundenfreundlichkeit geordnet, vom guten Service hin zum weniger freundlichen:

- Selbst bearbeiten
  „In welcher Angelegenheit rufen Sie an?"
  „Womit kann ich Ihnen sofort weiterhelfen?"

- Die gewünschte Person sofort suchen
  Ausrufen: „Einen Moment, ich lasse Herrn Soltys für Sie ausrufen."
  Über Funk: „Ist es dringend?" „Ja." „Einen Moment, ich werde ihn über Funk suchen."
  Über Pager: „Ich kann ihn anpiepsen. – Soll ich?"

- Rückruf anbieten
  Allgemein: „Dürfen wir Sie zurückrufen?"
  Rückruftermin vereinbaren: „Können wir Sie bis um
  17.00 Uhr zurückrufen?"

- Mit einer anderen Person verbinden
  Kollegen der erwünschten Person: „Ich verbinde Sie gerne
  mit der Kollegin, Frau Fetzer."
  Sekretariat: „Darf ich Sie mit ihrer Sekretärin Frau Götz verbinden?"
  Vorgesetzte/Vorgesetzter: „Darf ich Sie mit Herrn Klein verbinden?"

- Telefonnotiz aufnehmen
  „Was darf ich ausrichten?"

- Die Durchwahl geben
  „Ich gebe Ihnen gerne die Durchwahl von Herrn Wegner,
  dann können Sie es später direkt versuchen."

- Auf einen anderen Kommunikationsweg verweisen
  Post: „Schicken Sie uns ein Angebot zu."
  Fax: „Schicken Sie den Antrag vorab per Fax, dann weiß
  Frau Böhme, worum es geht."
  Mailbox: „Ich kann Sie gerne mit der Mailbox von Herrn
  Ditter verbinden, dann können Sie ihm direkt eine Nach-
  richt hinterlassen."
  E-Mail-Adresse: „Ich könnte Ihnen die E-Mail-Adresse ge-
  ben."
  Handy/Autotelefon: „Ich gebe Ihnen gerne die Handynum-
  mer von Herrn Schmidt."

- Um nochmaligen Anruf bitten
  Späterer Zeitpunkt: „Möchten Sie später noch einmal anrufen?"
  Bestimmter Zeitpunkt: „Möchten Sie es gegen zwei Uhr
  noch einmal versuchen?"

Terminvereinbarungen

Grundsätzlich sollten Vereinbarungen mit einem Termin verknüpft werden, damit beide Seiten wissen, woran sie sind.

„Herr Stegmann ruft sofort zurück" hört sich dem ersten Anschein nach kundenfreundlich an. Nur, was heißt „sofort"? Angesichts der Erdgeschichte kann „sofort" auch 1000 Jahre heißen. Auch andere ungenaue Zeitangaben, wie „umgehend", „baldmöglichst", „morgens", „mittags", „abends", „nachmittags", können Verwirrung stiften.

Ein Handwerker berichtete Folgendes: Eine Küche sollte von Grund auf saniert werden. An einer solchen Sanierung ist eine Vielzahl von Zünften beteiligt: Elektriker, Gipser, Maler, Fliesenleger, Sanitärfachleute und Schreiner. Die Familie, die während der Renovierungszeit in der Wohnung lebte, hatte ein natürliches Interesse, die Renovierungsarbeiten schnell und exakt abgestimmt durchführen zu lassen. Es war vereinbart, dass als erstes der Elektriker die neuen Leitungen und Anschlüsse legen sollte. Eine Stunde später sollte parallel dazu der Gipser die geöffneten Wunden in der Küchenwand gleich wieder verputzen. Anschließend war für den „Nachmittag" der Fliesenleger telefonisch bestellt.

Punkt 12.00 Uhr klingelte es an der Tür. Und während der Elektriker und der Gipser auf acht Quadratmetern Küchenfläche umeinander herumarbeiteten, stand nun der erst am Nachmittag erwartete Fliesenleger mit seinem Gesellen da, um den Küchenboden herauszureißen. Auf die Frage, ob er denn nicht am Nachmittag kommen wollte, erklärte er, ja er wollte „am Nachmittag" kommen und das sei jetzt, denn seinen Mittag um 12.00 Uhr habe er ausfallen lassen.

Was unter dem Wort „Nachmittag" verstanden wird, kann sehr unterschiedlich sein. Am eindeutigsten ist das Nennen einer konkreten Uhrzeit!

Vermeiden Sie Aussagen wie „in 20 Minuten". Hier werden die Beteiligten nicht selten zu unterschiedlichen Ergebnissen kommen. Einer rundet 22 Minuten auf zur vollen halben Stunde, der Ungeduldige rundet ab, der Exakte kommt auf die Sekunde pünktlich und der Vergessliche hat versäumt, auf seine Uhr zu sehen, weiß nicht mehr, ab wann das gilt, und kommt „ungefähr".

Praxis-Tipp:

Teilen Sie Ihren Arbeitstag im Zwei-Stunden-Rhythmus ein: Versprechen Sie Dinge „bis 10.00 Uhr", „bis 12.00 Uhr" und dann wieder „bis 15.00 Uhr" und „bis 17.00 Uhr" und halten Sie dies auch ein. Wenn Sie Ihren Arbeitstag so strukturieren, fällt es Ihnen leichter, im Gespräch ad hoc einen Termin zu nennen.

Durch das Vereinbaren einer festen Uhrzeit nehmen Sie Ihre Gesprächspartner in die Pflicht, dann auch zu dieser Zeit anwesend zu sein. Sicher kann hier etwas dazwischenkommen, doch die Wahrscheinlichkeit ist geringer als bei dem Wort „sofort" und Sie behalten die Kontrolle über Ihre Zeit.

Versprechen Sie nur, was in Ihrer Macht liegt

Versprechen wie „Herr Schulz ruft Sie bis um 12.00 zurück" sind gefährlich. Dass diese Aussagen wahr werden, liegt nicht nur in Ihrer Macht. Vielleicht sieht Herrn Schulz Prioritätenliste anders aus, und er kann nicht mehr am selben Tag zurückrufen. Sicherer ist es, zu sagen: „Ich lege gerne eine Notiz auf seinen Schreibtisch. Sind Sie bis 12.00 Uhr telefonisch zu erreichen?"

Ebenso gefährlich ist es, zu sagen: „Sie erhalten unser Angebot morgen per Post." Welchen Einfluss haben Sie darauf, dass das Angebot pünktlich zur Post kommt und tatsächlich auch am nächsten Tag schon bei Ihrem Gesprächspartner auf dem Tisch liegt? Sicherer ist: „Ich gebe unser Angebot heute noch zum Versand." Oder: „Ich werfe unser Angebot heute noch in den Briefkasten."

Wichtig: Versprechen Sie nur, was in Ihrer Macht liegt. Beschreiben Sie so genau und wahrheitsgemäß wie möglich, was Sie tun werden. Zum einen wird durch die Nennung von Details der Eindruck der Glaubwürdigkeit gestärkt, und zum anderen sind eventuelle Schwierigkeiten im Nachhinein für den Anrufer leichter nachvollziehbar. Vielleicht hat Herr Schulz am selben Tag nicht mehr zurückgerufen und erklärt dem Kunden wahrheitsgemäß, dass er gestern nicht mehr ins Büro kam. Oder das Angebot ist erst nach zwei Tagen auf dem Schreibtisch der Interessentin. Und es ist ihr bekannt, dass die interne Postlaufzeit bei Unternehmen oft einen Tag beträgt.

Wenn Sie das Versprochene nicht halten können, geben Sie einen Zwischenbescheid. Es ist besser, Sie beichten, als dass der andere Ihnen zuerst auf die Schliche kommt. Rufen Sie spätestens zum vereinbarten Zeitpunkt an, erklären Sie die Verzögerung und setzen Sie einen neuen Termin.

Falls Sie aus irgendwelchen Gründen nicht anrufen können, dann schicken Sie wenigstens ein kurzes, persönlich gehaltenes Fax. Oder bitten Sie eine andere Person, für Sie den Partner zu benachrichtigen. Dies ist immer noch besser, als dass Ihr Kunde überhaupt nichts von Ihnen hört.

Die professionelle Telefonnotiz

Die schlechteste Telefonnotiz ist die Schreibtischunterlage aus Papier, die Sie zu Weihnachten von einer befreundeten Druckerei bekommen haben. Besser ist der Notizblock – ein Anruf, ein Blatt. Noch geeigneter und zeitsparender ist die vorgedruckte, standardisierte Telefonnotiz.

In einem gut sortierten Schreibwarenladen finden Sie verschiedene vorgefertigte Telefonnotiz-Formulare: vom kleinen selbstklebenden Notizformular in gelb bis hin zum DIN A5 blau-weißen Formular, gegebenenfalls mit Durchschreibesatz. Aber auch hier werden Sie wahrscheinlich feststellen, spätestens nach Gebrauch, dass Sie das eine oder andere auf den vorgefertigten Zetteln vermissen. Dann wird es Zeit, dass Sie Ihr eigenes Telefonnotiz-Formular entwickeln.

Das muss auf einer Telefonnotiz stehen!

Eine gute Telefonnotiz umfasst grundsätzlich folgende Angaben:

- Name der anrufenden Person (Vor- und Nachname),
- Name der Organisation der anrufenden Person (Firma etc.),
- Datum und Uhrzeit,
- vollständige Telefonnummer der anrufenden Person, mit Vorwahl und Durchwahl,
- günstige Rückrufzeit
- Anliegen
- Was wurde vereinbart?
- Was wurde schon veranlasst?
- Kurzzeichen oder Name der Person, die die Notiz aufgenommen hat.

Ihr Leben wird mit selbst entwickelten Notizvordrucken leichter. Sie können sich mit Hilfe von vorgegebenen Informationen beim Schreiben viel Arbeit ersparen.

Telefongespräche clever führen

Folgende Instrumente können Sie verwenden:

- Kästchen zum Ankreuzen:

  Mit Bitte um:

  ❏ Rückruf

  ❏ Bestellung

- Lückentexte:

  Anruf von _____ _____am ____.____.2001

- Verschiedene Symbole:

  Eine Uhr ohne Zeiger, bei der die Uhrzeit mit einem Kreuz markiert wird.

Eine gute Idee ist es auch, auf Ihrer Notiz unter den Namen einen Eintrag „Wird folgendermaßen ausgesprochen:" vorzusehen. Herr Hebbeli freut sich, wenn er als Herr Hebbeeeli und nicht als Hebbbelli angesprochen wird. Frau Höschen wird nicht gerne als „Frau Hös-chen" bezeichnet, sondern als „Frau Hösch-en". Gar nicht selten werden Namen anders geschrieben als ausgesprochen.

Praxis-Tipp:

Auch eine Telefonnotiz, die elektronisch weitergesandt wird, hat viele Vorteile:

- Sie löst die Nachweisproblematik, ob der andere die Notiz bekommen hat.

- Absender, Datum und Uhrzeit werden automatisch eingetragen.

- Unsere Notiz verfolgt den anderen durchs ganze Haus.

- Durch eine gut durchdachte Bildschirmmaske ist es oft auch hier möglich, sich ein individuell angepasstes Notizformular zu schaffen, das viel Zeit spart.

- Wenn Sie also Zugriff auf E-Mail, Lotus Notes, Message-Systeme oder Memo haben, nutzen Sie diese auch für den Versand von Telefonnotizen.

Telefongespräche clever führen

Telefonnotiz

Telefonnummer: _____ / _____

Anruf von _____ am _____ . _____ .2001 um _____ . _____ Uhr

Bittet um

☐ Offene Seminare
  ☐ Rhetorik
  ☐ Telefon

☐ Inhouse-Seminare
  ☐ allgemein
  ☐ speziell zu ....

☐ Kassetten

Informationen

Adresse

☐ Bestellung von _____

☐ Anmeldung zum _____

☐ Rückruf – Telefonnummer: _____ günstige Rückrufzeit: _____

☐ Sonstiges

58

Was tun bei zwei gleichzeitigen Anrufen?

Sie telefonieren angeregt. Vielleicht über ein neues Projekt. Plötzlich klingelt das Telefon des Kollegen, er ist jedoch nicht am Platz. Was nun? Sie können sich ja nicht teilen.

Im ersten Schritt erklären Sie Ihrer Gesprächspartnerin an Ihrem Telefon, dass jetzt das Telefon des Kollegen klingelt. Oft hat das Gegenüber das Klingeln auch gehört. „Frau Maier, das zweite Telefon klingelt." oder „Frau Maier, es kommt ein Gespräch auf der anderen Leitung."

Im nächsten Schritt fragen oder informieren Sie Ihr Gegenüber, dass Sie das andere Telefon beantworten werden: „Frau Maier, darf ich kurz unser Gespräch unterbrechen?" oder „Ich werde es kurz beantworten, damit wir wieder unsere Ruhe haben. – Einen Moment."

Im dritten Schritt nehmen Sie das zweite Telefonat an und teilen dem neuen Gesprächspartner mit: „Herr Schulz, ich habe ein Gespräch auf der anderen Leitung, können wir Sie bis um 12.00 Uhr zurückrufen?" Dann notieren Sie sich die Telefonnummer. Das Besondere an diesem Angebot ist, dass Sie einen Termin vereinbart haben. Selbstverständlich kann es sein, dass Sie dem Anrufer auch etwas anderes anbieten. Anschließend kehren Sie zum ersten Gespräch zurück und bedanken sich: „Vielen Dank, dass Sie gewartet haben."

Achtung: Wenn es häufiger vorkommt, dass Sie zwischen zwei Gesprächen jonglieren müssen, dann sind weitere Maßnahmen zu überlegen. Denn wirklich gut ist es nie, zwei Telefonate gleichzeitig zu führen, auch wenn man dies noch so gekonnt beherrscht. Vielleicht kann eine Aushilfe in Spitzenzeiten helfen. Eine andere Lösung kann ein Anrufbeantworter sein, der in Notfällen einspringt. Aber beachten Sie: Wenn Sie selbst vor die Wahl gestellt würden, ob Sie lieber mit einem Anrufbeantworter oder einem

Menschen telefonieren wollten, würden Sie wahrscheinlich dem persönlichen Kontakt den Vorzug geben.

Anrufe filtern

Es ruft jemand an und fragt: „Darf ich bitte Frau Müller sprechen?" oder befiehlt: „Verbinden Sie mich mit Herrn Lenz!". Nun ist zu klären, ob dieser Mensch auch dahin „darf", wohin er will.

Praxis-Tipp:

Erarbeiten Sie gemeinsam mit den Menschen, denen Sie zuarbeiten, eine „IN"- und „OUT"-Liste, also eine Liste der Personen, die in jedem Fall durchzustellen sind, und der Personengruppe, die auf keinen Fall durchzustellen ist.

Was aber, wenn man den Namen nicht verstanden hat, oder die Person ihren Namen nicht genannt hat. Wenn nun nach dem Namen gefragt wird, womöglich bis in die letzte Runde: „Ich würde Sie gerne mit Ihrem richtigen Namen ansprechen, bitte helfen Sie mir und wiederholen Sie Ihren Namen", und dann im Anschluss gesagt wird: „Herr Maier, Frau Müller ist nicht zu sprechen", dann kann dies von Herrn Maier völlig falsch verstanden werden: „Herr Maier, nur für Sie ist die Dame nicht zu sprechen." Um Missverständnisse zu vermeiden, fragen Sie zuerst nach dem Anliegen und dann nach dem Namen.

Beispiel:

A: „Kann ich Frau Schulz sprechen?"
B: „Ja, und in welcher Angelegenheit rufen Sie an?"

Das „Ja" besagt in diesem Fall: Ja, Frau Schulz ist im Haus und man könnte mit ihr sprechen.

Nun gibt es hartnäckige Fälle, die auf die Frage nach der Angelegenheit antworten: „Es ist persönlich." Hier bieten sich folgende Reaktionsmöglichkeiten an:

A. Den Namen des Anrufers herausfinden. „Herr … (Schweigen und Warten bis das Gegenüber den eigenen Namen ergänzt), einen Moment bitte, ich schaue nach, ob sie in ihrem Büro ist." Anschließend bei Frau Schulz telefonisch nachfragen, was zu tun ist, und entsprechend reagieren.

B. „Ja, verstehe, es ist persönlich. Geben Sie mir ein Stichwort."

C. „Ich werde auf jeden Fall ausrichten, dass Sie angerufen haben. Unter welcher Telefonnummer kann sie Sie zurückrufen?"

Vorsicht vor allzu schroffem Abwimmeln von Vertretern

Die Devise lautet: ehrlich, aber höflich. Falls Sie den Verdacht hegen, es handelt sich um einen Vertreter, und dieser Verdacht verdunkelt die Gesprächsbeziehung, dann ist besser, dies auszusprechen, anstatt stilles Misstrauen zu hegen: „Möchten Sie uns eine Dienstleistung anbieten?" Wenn die Person diese Frage ehrlich beantwortet, dann hat sie auch ein Recht auf eine ehrliche Antwort von Ihnen. „Herr Schulz, Sie können uns gerne Ihre Unterlagen schicken, nur besteht in diesem Jahr kein Bedarf."

Folgendes kann passieren, wenn man sich mit dem Gesprächspartner auf irreführende Diskussionen einlässt. Bei einer Kursteilnehmerin aus dem Rheinland ist es noch einmal gut ausgegangen: Ein Vertreter, den sie namentlich kannte, rief an und fragte: „Kann ich bitte Ihren Chef sprechen?" Sie wollte ihn abwimmeln und antwortete kurz: „Er ist telefonisch nicht erreichbar." Nun der andere: „Wo ist er denn?" „Er ist auf einer Dienstreise."

„Wann ist er denn wieder erreichbar?" Sie: „Das weiß ich nicht."
Nun ließ das Gegenüber nicht locker und fragte weiter: „Und wo
ist er genau?" „Das weiß ich nicht" „Und wann kann ich ihn
sprechen?" „Das weiß ich nicht." Er dann barsch: „Eh, Perle, du
weißt wohl gar nichts." Sie zurück: „Eh, Typ, ich weiß nix.", und
legte auf. Anschließend plagte sie das schlechte Gewissen. Am
Tag darauf wurde sie von ihrem Chef angesprochen, der erzählte,
dass dieser Vertreter ihn über das Handy erreicht hätte. Sie zuckte
zusammen. Der Vertreter hätte ihm gesagt, dass sie eine tolle
Sekretärin sei. Ihre Firma ist zwischenzeitlich Kunde bei diesem
Vertreter geworden. Jedesmal, wenn sie sich sehen, begrüßen sie
sich mit ihrem geheimen Code: „Eh, Perle" und sie: „Eh, Typ".

Hätte sie nach ihrer Aussage: „Er ist telefonisch nicht erreichbar."
gleich ohne Zögern ein Hilfsangebot gemacht, wäre diese Geschichte so nie passiert.

Telefonate erfolgreich beenden

Wie ein Telefonat zu Ende geführt wird, hinterlässt einen bleiben-
den Eindruck. Dieser bleibt beiden Gesprächspartnern besonders
gut im Gedächtnis haften. Das Gesamtbild wird abgerundet.

Wenn Sie das Gespräch von sich aus beenden wollen, ist das na-
hende Ende dem Gesprächspartner zu signalisieren. Dies ist am
Telefon schwieriger. Im Gespräch von Angesicht zu Angesicht
kann man mit Hilfe der Körpersprache zeigen, dass man das
Gespräch beenden will: Man trinkt sein Glas leer, beginnt, seine
Unterlagen zu ordnen, sitzt aufrechter als vorher usw.

Folgende Signale können am Telefon Ihren Wunsch ankündigen,
das Gespräch zu beenden:

- Übergangsformulierungen, wie „Also, …", „Gut, dass
  wir …" „Schön, dass wir …"

■ Das Verwenden der Vergangenheitsform: „Gut, dass wir miteinander gesprochen haben." „Schön, dass wir das klären konnten …"

Falls Ihnen ein Termin im Nacken sitzt, dann kündigen Sie dies möglichst frühzeitig im Gespräch an, damit der andere nicht aus allen Wolken fällt. „Frau Schulz, wir sollten es heute kurz halten, denn ich muss um 7.00 Uhr aus dem Haus, um meinen Zug noch zu erwischen."

Der große Unterschied zwischen einem Telefonprofi und einem Telefonlaien ist die Zusammenfassung. Eine Zusammenfassung sollte immer gemacht werden. Sie beinhaltet die wichtigsten Punkte und Vereinbarungen, außerdem ist sie ein wichtiges Schlusssignal: „Frau Schulz, ich werde die Kassetten heute noch zur Post bringen." „Sie sind so freundlich und faxen mir heute eine Seminarausschreibung als Beispiel zu, und ich faxe Ihnen bis Ende der Woche dann meinen Entwurf."

Anschließend kommt eine kurze Verabschiedung, der, wenn es passt, ein Dank oder ein allgemeiner Wunsch vorausgeschickt werden kann. „Vielen Dank für Ihren Anruf. Auf Wiederhören." „Einen schönen Tag noch nach München. Tschüss." Passen Sie in diesem Moment gut auf, dass das Gespräch nicht erneut aufflackert.

Praxis-Tipp:

Im Kundenservice gilt die Regel: „Der Kunde legt als Erster auf."

Was tun, wenn der andere das Gespräch nicht beenden will

Sie haben das Telefonat zusammengefasst und wollten eigentlich in die Verabschiedungsphase gehen: „Ich wünsche Ihnen einen erholsamen Urlaub." Ihr kurzes Zögern vor dem Abschied nutzt der andere aus und sagt: „Ja, ich freue mich auch schon …" und ehe Sie sich versehen, sind Sie in eine Diskussion über die Vorzüge eines Urlaubs auf Mallorca verstrickt.

Manche unserer Mitmenschen haben ein enormes Gesprächsbedürfnis, das sie mit jedem ausleben, der sie lässt. Wenn aus Ihrer Sicht eigentlich alles gesagt ist und der andere redet und redet und redet, während es bereits allmählich dunkel wird und alle anderen Kollegen schon gegangen sind, wenn Sie also merken, dass Sie sich schwer aus einem Gespräch zurückziehen können, dann sind die folgenden Tipps einen Versuch wert:

- Reduzieren Sie Ihre zustimmenden Geräusche allmählich, vergrößern Sie die Abstände und gehen Sie allmählich in eine tiefere Tonlage über: „Hmmh, hmmmh, hmmmh …"

- Den letzten Gesprächsabschnitt im Stehen führen. Dies verleiht Ihrer Stimme mehr Entschiedenheit.

- Die Formulierung der Verabschiedung möglichst kurz halten, und kein Zögern zwischen Bedanken/Wunsch und Verabschieden.

- Wahre Wunder kann auch die Frage: „Kann ich sonst noch etwas für Sie tun?" bewirken.

- In schwierigen Fällen sagen Sie dem Anrufer, was Sie sofort im Anschluss an das Gespräch für Ihren Telefonpartner tun werden: „Herr Schulz, gleich nachdem wir das Gespräch beendet haben, werde ich sofort mit der Versandabteilung sprechen, damit Ihr Ersatzteil heute noch rausgeht."

- Falls das auch noch nicht reicht, hilft folgende Formulierung: „Sehr gut, dass wir eine Lösung gefunden haben. Ich habe jetzt genau noch eine Viertelstunde Zeit, für Sie die Dinge heute noch in die Wege zu leiten. Das mache ich gerne, und die Zeit reicht gerade. Und dann verreise ich für zwei Jahre …" (Nennen Sie etwas Glaubwürdiges, das Zeit braucht: Messebesuch, Post ist raus, Teile sind alle, Datenlauf startet, Techniker ist weg usw.)

Die professionelle Gesprächsnotiz

Wenn Sie sich nicht schon während des Gesprächs Notizen gemacht haben, dann sollte es spätestens jetzt, gleich nach dem Auflegen geschehen. Kernpunkte sind, wann mit wem was vereinbart wurde. So schaffen Sie die Sicherheit, dass nichts vergessen wird.

Das Führen von Gesprächsnotizen kann sich wirklich lohnen: Ein Immobilienmakler zeigte uns eine Notiz, die im konkreten Fall mehrere zehntausend Mark wert war. Er hatte telefonisch bei seiner Bank für ein größeres Projekt Zinskonditionen erkundet. Als er sie in Anspruch nehmen wollte, wusste man von nichts. Erst als er den Mitarbeiter mit der Notiz konfrontierte: „Am 10. September um 14.32 Uhr sagten Sie zu mir Folgendes …", bekam er die telefonisch zugesagten Konditionen. Er hat sich den finanziellen Unterschied in Mark und Pfennig ausgerechnet und ist seitdem ein noch überzeugterer Verfasser von eigenen Telefonnotizen.

Praxis-Tipp:

- Notieren Sie auch Anrufversuche: Eine enorme Steigerung der eigenen Glaubwürdigkeit bewirken Sie dadurch, dass Sie sich auch vergebliche Anrufversuche notieren, etwa mit Bleistift auf den Rand des betreffenden Schriftstücks: „AV, Datum, Uhrzeit".

- Wenn Sie den anderen erst nach dem fünften Versuch erreichen und er sich beklagt, dass Sie sich „jetzt erst" melden, ist es einfach: „Ich habe schon mehrmals versucht, Sie zu erreichen. Das war am …" und lesen Ihre Notizen vor. Da der andere ja nachvollziehen kann, wann er nicht am Platz war, wird er Ihnen ab jetzt alles glauben.

Gespräche professionell steuern

Meldung: (verständlich und prägnant) Gruß, Name der Organisation, eigene Vor- und Nachnamen

Meldung des Gegenübers verstehen und Namen notieren

Anliegen klären

Sonderfälle

Warten lassen	Weiterverbinden	Keiner da: Was nun?	Zwei gleichzeitige Telefonate	Anrufe filtern
Zwei Situationen: <ul><li>Gemeinsam mit Ihnen: Setzen Sie ihn ins Bild.</li><li>Alleine: Erlaubnis einholen, max. 45 Sekunden, dann kurze Rückmeldung von Ihnen.</li></ul>	<ul><li>Name des Anrufers. „Verbinde mit ..."</li><li>Name der Person, mit der verbunden wird (+ Funktion, wenn sinnvoll).</li></ul> Oder: <ul><li>Abteilung, in die verbunden wird.</li></ul>	<ul><li>Neutral davon in Kenntnis setzen, und persönliche Informationen zurückhalten.</li><li>Direkt im Anschluss an diese Aussage ein Hilfsangebot machen: Frau Schulz ist telefonisch nicht erreichbar. Was darf ich ausrichten?"</li></ul>	<ul><li>Ersten Anrufer informieren.</li><li>Ankündigen, dass das zweite Gespräch angenommen wird.</li><li>Zweiten Anrufer begrüßen, Situation schildern und Hilfsangebot machen.</li><li>Rückkehr zum ersten Anrufer und sich bedanken: „Danke, dass Sie gewartet haben."</li></ul>	<ul><li>Namen möglichst verstehen.</li><li>Anliegen klären.</li><li>Dann erst den Namen absichern.</li><li>Ehrliche Auskünfte am besten mit einem Hilfsangebot verknüpft.</li></ul>

Anrufe beenden:

1. Nahendes Ende ankündigen: Übergangsformulierungen und Vergangenheitsform

2. Zusammenfassung: Was wurde im Gespräch beschlossen. „Ich werde ..., Sie haben sich freundlicherweise bereit erklärt ..."

3. Verabschiedung: Dank oder Wunsch, Verabschiedungsgruß: „Danke für Ihren Anruf, Auf Wiederhören."

4. Auflegen mit der Grundregel: Der Anrufer legt zuerst auf.

5. Gespräch dokumentieren

Nützliche Kommunikations-hilfen einsetzen

3

Fragen – ohne auszufragen

Fragen können in vielen Situationen elegant helfen. Sie können klären. Man zeigt der anderen Person, dass man sie einbezieht und ernst nimmt. So ist es zum Beispiel partnerschaftlicher zu fragen: „Waren Sie schon bei der Polizei?", als zu befehlen: „Sie müssen den Vorfall bei der Polizei melden."

Lernen Sie, zwischen offenen und geschlossenen Fragen zu unterscheiden. Geschlossene Fragen lassen der antwortenden Person nur einen geringen Raum für die Antwort, offene Fragen dagegen einen großen. In Büchern können Sie verschiedene Frageklassifikationen finden. Hier die Systematik, die wir verwenden.

Geschlossene Fragen

- V-Fragen (Fragen, die mit einem Verb anfangen), wie „Möchten Sie später noch einmal anrufen?" Diese Fragen können nach der Logik nur mit „Ja" oder „Nein" beantwortet werden.

  Vorsicht bei der V-Frage: „Können Sie Ihren Namen buchstabieren?" Die korrekte Antwort lautet „Ja". Was eigentlich beabsichtigt war, ist, dass der andere beginnt, seinen Namen zu buchstabieren. Verärgerte Anrufer nutzen die Chance, um uns lächerlich zu machen: „Glauben Sie, ich kann nicht lesen?"

  Besser passt die Aufforderung: „Bitte buchstabieren Sie Ihren Namen", oder noch hilfreicher: „Ihr Name schreibt sich …?"

- Suggestiv-Fragen. Dies sind Fragen, die auch mit „Ja" oder „Nein" beantwortet werden können, jedoch enthalten sie zusätzlich noch Worte wie: „doch", „auch", „sicherlich", „wohl", „gewiss". Mit Hilfe dieser kleinen Worte legt die fragende Person der anderen gleich die Antwort in den Mund. „Sie möchten doch Mitglied werden?" oder „Sie möchten sicherlich Ihren Fernseher anmelden?"

- Gabel- bzw. Entweder-Oder-Fragen sind Fragen mit mehreren Alternativen. Wobei überhaupt nicht mehr in Frage gestellt wird, ob es überhaupt eine dieser Alternativen sein soll. „Möchten Sie es lieber in Blau oder in Schwarz?", „Einzel- oder Doppelzimmer?"

Die Kombination aus Suggestiv- und Gabelfrage wirkt besonders unangenehm: „Haben Sie aufgehört, Ihre Frau zu schlagen – ja oder nein?" Jede Antwort im Rahmen, den die Frage vorgibt, wirft ein schlechtes Licht auf den Antwortenden.

Offene Fragen

- W-Fragen (Wer, Wie, Was, Wieso, Weshalb, Warum, Wo, Womit, Wodurch, Wann, Wie viel, Welches, ...) Diese Fragen fangen an erster Stelle mit einem Fragewort an (oder spätestens an zweiter Stelle; in diesem Fall steht an der ersten Stelle eine Präposition [= Worte wie: in, im, auf, ab ...]).

  Der Raum, der der befragten Person gelassen wird, ist je nach Frage unterschiedlich.

  Auf Informationsfragen wie: „Wie groß?", „In welcher Stadt?" ist wenig zu antworten.

  Fragen wie: „Was werden Sie kochen?", „Was haben Sie geplant?" liegen im Mittelfeld.

  Fragen, die sich nach persönlichen Wünschen oder nach persönlichen Meinungen erkundigen, räumen der Antwort viel Platz ein: „Was wünschen Sie sich von uns?", „Was meinen Sie?", „Was darf ich für Sie tun?"

Kommunikationshilfen einsetzen

So vermeiden Sie den Eindruck eines Aushorchens oder Verhörs

■ Wechseln Sie zwischen geschlossenen und offenen Fragen.

■ Kündigen Sie an, dass Sie einige Fragen zu stellen haben und begründen Sie, warum. Zum Beispiel: „Im Folgenden werde ich Ihnen einige Fragen stellen, um Ihnen ein passendes Angebot zu machen. Sind Sie mit diesem Vorgehen einverstanden?" Sie können es gerne auch anders formulieren: „Um Ihnen ein passendes Angebot machen zu können, werde ich Ihnen einige Fragen stellen. Sind Sie mit diesem Vorgehen einverstanden?"

Übung: **Welche Formulierung gefällt Ihnen am besten?**

Lassen Sie die folgenden Formulierungen auf sich wirken und entscheiden Sie sich für eine Variante, die Sie auch ankreuzen.

a. Können Sie Ihren Namen buchstabieren?	❏
b. Bitte buchstabieren Sie Ihren Namen.	❏
c. Ihr Name schreibt sich: …	❏
a. Sie müssen zuerst zur Polizei.	❏
b. Waren Sie schon bei der Polizei?	❏
c. In der Regel ist so vorzugehen: 1. Zur Polizei 2. …	❏
a. Ich verbinde mit der Sekretärin.	❏
b. Darf ich Sie mit der Sekretärin verbinden?	❏
c. Einen Moment.	❏
a. Ihre Kundennummer?	❏
b. Haben Sie Ihre Kundennummer zur Hand?	❏
c. Zuerst benötige ich Ihre Kundennummer.	❏

a. Herrn Schulz bitte!	❏
b. Ich hätte gerne Herrn Schulz gesprochen.	❏
c. Ist Herr Schulz im Haus?	❏

a. Verstehe ich nicht.	❏
b. Rufen Sie wegen Ihrem Auto an?	❏
c. Und warum rufen Sie an?	❏

a. Ich faxe es Ihnen zu.	❏
b. Haben Sie ein Faxgerät?	❏
c. Soll ich es Ihnen zufaxen oder zuschicken?	❏

a. Ich faxe Ihnen den Antrag zu und Sie können es sich in Ruhe überlegen.	❏
b. Besprechen Sie dies erst mit Ihrem Mann.	❏
c. Soll ich Ihnen den Antrag zufaxen? Wir können es auch gleich hier am Telefon abschließen.	❏

a. Dienstag geht nicht.	❏
b. Wann passt es Ihnen?	❏
c. Mhm, passt es Ihnen am Mittwoch oder am Freitag?	❏

Auflösung der Übung: **Welche Formulierung gefällt Ihnen am besten?**

a. Können Sie mir Ihren Namen buchstabieren?	b. Bitte buchstabieren Sie Ihren Namen.	**c. Ihr Name schreibt sich …**

Wir bevorzugen die Formulierung c. Denn hier geben Sie dem Telefonpartner vor, wie er buchstabieren soll, ob nach dem Buchstabieralphabet oder mit einzelnen Buchstaben.

Formulierung b ist ebenfalls möglich, vielleicht sogar als „Seien Sie so freundlich und buchstabieren Sie Ihren Namen".

Kommunikationshilfen einsetzen

Die Formulierung a wird von verärgerten Menschen gerne gekontert mit „Glauben Sie, ich kann nicht lesen?".

Regel: Gebrauchen Sie „Können"-Formulierungen nur, wenn es um wirkliche Fähigkeiten geht, jedoch nie bei Selbstverständlichkeiten.

a. Sie müssen zuerst zur Polizei.	b. **Waren Sie schon bei der Polizei?**	c. In der Regel ist so vorzugehen: 1. Zur Polizei …

Wir bevorzugen die Formulierung b. Denn hier wird partnerschaftlich gefragt. Satz c ist lehrmeisterlich. Aussage a ist sehr streng.

a. Ich verbinde mit der Sekretärin.	b. **Darf ich Sie mit der Sekretärin verbinden?**	c. Einen Moment.

Wir bevorzugen die Formulierung b, denn die Frageform erlaubt dem anderen ein Mitspracherecht. Mit der Formulierung a weiß der andere immerhin, wohin es geht. Formulierung c ist nichtssagend und deswegen schlecht.

a. Ihre Kundennummer?	b. **Haben Sie Ihre Kundennummer zur Hand?**	c. Zuerst benötige ich Ihre Kundennummer.

Bei Formulierung b schwingt kein Vorwurf mit, falls der Kunde seine Nummer nicht greifbar hat. Formulierung a ist maulfaulruppig.

a. Herrn Schulz bitte!	**b. Ich hätte gerne Herrn Schulz gesprochen.**	c. Ist Herr Schulz im Haus?

Wir bevorzugen die Formulierung b. Hier wird der Gesprächspartner freundlich angesprochen. Satz c ist eine geschlossene Frage, die ein „Ja" oder „Nein" bekommt, aber was dann? Bei Formulierung a fehlt es an der Wertschätzung des Menschen, der vermittelt. Er soll übergangen werden.

a. Verstehe ich nicht.	**b. Rufen Sie wegen Ihrem Auto an?**	c. Und warum rufen Sie an?

Wir bevorzugen die Formulierung b. Dem Telefonpartner wird gezeigt, dass wir etwas verstanden haben. Bei a und c gewinnt man den Eindruck, dass der andere nicht zugehört hat.

a. Ich faxe es Ihnen zu.	b. Haben Sie ein Faxgerät?	**c. Soll ich es Ihnen zufaxen oder zuschicken?**

Wir bevorzugen die Gabelfrage c. Dem Gesprächspartner werden die Möglichkeiten aufgezeigt, und er kann wählen. Die Formulierung b ist ungeschickt, wenn der andere kein Faxgerät hat. Mit einem „vielleicht" könnte die Wirkung abgeschwächt werden. „Haben Sie vielleicht ein Faxgerät?" Bei a wird vorausgesetzt, dass der andere ein zurzeit funktionierendes Faxgerät hat.

a. Ich faxe Ihnen den Antrag zu und Sie können es sich in Ruhe überlegen.	b. Besprechen Sie dies erst mit Ihrem Mann.	**c. Soll ich Ihnen den Antrag zufaxen? Wir können es auch gleich hier am Telefon abschließen.**

Kommunikationshilfen einsetzen

Wir bevorzugen die Formulierung c. Man soll Kunden nicht am Kaufen hindern. Es erspart Ihnen und dem Telefonpartner aufs Ganze gesehen viel Zeit. Die Formulierung b ist abzulehnen. Das werden viele Frauen in den falschen Hals bekommen.

a. Dienstag geht nicht.	b. Wann passt es Ihnen?	**c. Mhm, passt es Ihnen am Mittwoch oder am Freitag?**

Seien Sie angebotsorientiert. Formulierung c sagt, wann man Zeit hat, und bietet sogar Alternativen. Formulierung a sagt aus, was man nicht kann, und lässt den anderen ohne Angebot. Dadurch kann der Eindruck entstehen, dass man gar nicht will.

Aktives Zuhören

Von außen beobachtet sieht es aus, als ob Zuhören leicht sei. Man muss nichts tun, sitzt still da und wartet darauf, dass man selbst wieder an der Reihe ist. Die meisten Menschen glauben auch, dass sie gute Zuhörer sind.

Je mehr wir uns mit dem Thema Kommunikation beschäftigen, desto deutlicher wird uns, dass sehr viele zwischenmenschliche Schwierigkeiten ihren Anfang im schlechten Zuhören haben. Wir beschweren uns dann: „Der hört nicht zu", „Bei der geht es zum einen Ohr rein und zum anderen wieder raus". „Der hockt auf seinen Ohren".

Die Qualität des Zuhörens macht in Gesprächen den Unterschied aus: Wenn wir „ein offenes Ohr" für unser Anliegen gefunden haben, sind wir mit dem Gesprächsverlauf zufrieden.

Schwierig: Richtig zuhören

Warum ist es so schwer, wirklich hinzuhören, was andere Menschen sagen?

Der menschliche Geist will immer etwas tun und ist durch das alleinige Zuhören unterfordert. Wir denken ungefähr siebenmal schneller, als ein anderer reden kann. So dauert z.B. das Vorlesen eines Textes wesentlich länger, als wenn wir den Text still für uns lesen. Deshalb wird neben dem Zuhören meist noch etwas anderes getan. Vielleicht wird parallel überlegt: „Was meint sie", „wahrscheinlich geht es um …" Oder es wird nachgedacht, was man sagen wird, wenn man wieder dran ist. Spätestens wenn der Geist zu Fragen wandert wie: „Was koche ich heute abend?", wird nicht mehr zugehört.

Es fällt schwer, sich zurückzunehmen und sich vollständig auf den anderen Menschen einzulassen. Mark Twain sagt: „Wir schätzen Menschen, die ihre Meinung frisch heraussagen – vorausgesetzt, sie haben dieselbe Meinung wie wir." Je mehr wir uns von unserem Gesprächspartner unterscheiden (in z.B. Vorbildung, Beruf, Geschlecht, Wohnregion usw.), desto größer ist die Wahrscheinlichkeit, dass wir nicht alles mitbekommen.

Auch unsere Erfahrung und Berufspraxis steht uns im Weg. Je häufiger Sie eine Situation erlebt haben, desto eher hören Sie nicht mehr genau zu, sondern nehmen an, dass es genauso wie die letzten fünfhundert Mal verlaufen wird. Ein neuer Mitarbeiter muss noch mit radargroßen Ohren hinhören, um zu begreifen, was der andere will. Die Gefahr für Missverständnisse steigt mit zunehmender Berufserfahrung, die sprichwörtliche „Berufsblindheit" ist häufig eine „Berufstaubheit".

Wenn Sie die Qualität eines Gespräches verändern möchten, hören Sie gut zu und lassen Sie es Ihr Gegenüber merken. Reden ist ein Bedürfnis und Zuhören eine Kunst.

Checkliste: So werden Sie ein guter Zuhörer

- Nehmen Sie sich zurück: Setzen Sie sich im Stuhl zurück. Stellen Sie alle Gedanken zurück, die um Sie selbst kreisen.

- Machen Sie sich vom Gesagten Notizen, um sich zu beschäftigen und zu konzentrieren.

- Fragen Sie sich: „Was sind die Kernpunkte der Aussage?"

- Achten Sie auf Zwischentöne: Was fühlt Ihr Gegenüber?

- Zeigen Sie Ihrem Gegenüber, dass Sie zuhören: Durch Rückmeldungen, anteilnehmende Geräusche, kurze Kommentare, Verständnisfragen und durch Wiederholung, was Ihr Gegenüber gesagt hat.

Anteilnahme zeigen

Anteilnehmende Geräusche am Telefon sind Töne wie: „Mhm", „Ähäh", „tsst", „mmhm", „Eh", „hehe". Dieses „psychologische Grunzen" ersetzt vieles von dem, was im Gespräch von Angesicht zu Angesicht durch Mimik gesagt wird. Am Telefon werden diese Geräusche vom anderen in der Regel unbewusst registriert, ihr Fehlen jedoch fällt schnell auf: „Sind Sie noch dran?" „Hören Sie überhaupt zu?"

Welche Wirkung haben anteilnehmende Geräusche?

- Sie versichern dem Telefonpartner, dass das Gegenüber noch am Telefon ist und zuhört.

- Sie vermitteln Untertöne, wie Gefühle, Zustimmung, Ermutigung, Ablehnung, Misstrauen.

- Sie sind Pausenfüller.

- Sie können ankündigen, dass Sie das Wort ergreifen wollen.

Die übliche Geräuschfrequenz beim Zuhören ist nicht überall gleich: Ein Berliner will durchschnittlich etwa alle zehn Sekunden eine Reaktion von seinem Gegenüber. In ländlichen Regionen Schwabens sind bis zu dreißig Sekunden Schweigen auf der Gegenseite durchaus akzeptiert. Die sprichwörtliche „Berliner Schnauze" steht gegen den ebenso sprichwörtlichen „wortkargen Bauern". Ein ähnliches Gefälle gibt es zwischen Stadt und Land: Stadtmenschen sind auch am Telefon einen schnelleren Puls gewohnt als Menschen aus waldreichen Gegenden. Nachdem sie miteinander telefoniert haben, sagt der Städter über den Landmenschen: „Der war aber schweigsam." – Der eher bedächtige Landbewohner denkt: „Was für ein Hektiker".

Wer es nicht glaubt, kann dies mit einer einfachen Methode selbst überprüfen: Unterdrücken Sie in einem Telefonat jedes Geräusch und schauen Sie auf die Uhr, wie lange es dauert, bis Ihr Gesprächspartner fragt, ob Sie noch dran sind.

So verbessern Sie jede Gesprächsbeziehung

Die Kunst besteht darin, die für den Telefonpartner angemessene Geräuschfrequenz zu finden. Passen Sie sich seiner „Geräuschquote" an. Dies wird die Gesprächsbeziehung merklich verbessern.

Nehmen Sie die Formulierung „Sind Sie noch dran?" als schrillendes Alarmsignal: „Achtung, ich mache für den anderen zu wenig anteilnehmende Geräusche."

Verständnisfragen oder Rückfragen

Auch Verständnisfragen oder Rückfragen zeigen dem anderen, dass man interessiert zuhört. Sie geben dem Gegenüber Rückmeldung, ob und in welchem Maße er sich verständlich ausdrückt. So kann er sich gegebenenfalls an Ihren Kenntnisstand angleichen, ohne dass Sie ihn direkt darum bitten müssten.

Fragen zwischendurch unterbrechen den Redefluss und eignen sich als „Bremse" für hektische Gesprächspartner. „Es geht Ihnen also um …" – „Wenn ich das und das tue, passiert also Folgendes: …" – „Verstehe. Was bedeutet das für …?"

Zusammenfassung als Zuhörsignal

Das zusammenfassende Wiederholen mit eigenen Worten ist der beste Beweis, dass man gut zugehört hat. Es ist die stärkste Rückmeldung über das, was man verstanden hat. So schafft man eine gemeinsame Ausgangsbasis: „Sie meinen also …", „Wenn ich Sie richtig verstanden habe, sind Sie der Ansicht …".

Wiederholen als Lenkungstechnik

Das Wiederholen von Gesagtem – die eigenen Worte oder auch die Worte des Gegenübers – ist nach unserer Meinung ein vielfältig wirkungsvolles Kommunikationsmittel, das leicht zu erlernen und anzuwenden ist. Selbstverständlich hat auch diese Technik ihre Grenzen. Wenn sie ständig angewandt wird, wirkt man wie ein Tonband oder ein Papagei.

Wenn Sie unter Druck geraten: So gewinnen Sie Zeit

Ein Satz, den Sie im Notfall immer sagen können, ist: „Entschuldigung, ich habe Sie akustisch nicht ganz verstanden." Es sieht so aus, als fehle nur ein Wort. Der andere wiederholt den ganzen

Satz. Nun sagen Sie, um zu zeigen, dass Sie jetzt alles richtig verstanden haben: „Sie meinen also …" oder „Wenn ich Sie richtig verstehe, …" und wiederholen mit eigenen Worten. Spätestens jetzt sollte Ihnen doch eingefallen sein, wie Sie mit der überraschenden Situation weiter umgehen.

Vorsicht vor dem Satz: „Ich habe Sie nicht verstanden". Denn der andere soll uns ja nicht für begriffstutzig halten.

Egal jedoch, wie Sie wiederholen und aus welchem Antrieb: Sie gewinnen Zeit.

Sie können Unterschiedliches wiederholen:

- Die eigenen Worte oder die Worte des Gegenübers.

- Vollständig oder teilweise.

- Mit den gleichen Worten oder mit anderen Worten.

- Als Wiederholung gekennzeichnet oder nicht.

- Ähnlicher Tonfall oder anderer Tonfall.

- Sachaussagen oder Gefühle.

- Sofort oder später als Wiederaufnahme eines Gedankens.

Wichtig: In jedem Fall beweisen Sie durch das Wiederholen der Worte des Gegenübers, dass Sie versuchen, ihn richtig zu verstehen. Nichts hört der andere so gern wie seine eigenen Aussagen. Auch wenn Sie anderer Meinung sind – wiederholen Sie zuerst, was der andere meint, und verbessern Sie damit das Gesprächsklima. Öffnen Sie seine Ohren und signalisieren Sie, dass Sie gut zugehört haben. Doch es ist nicht notwendig, dass Sie die Meinung des anderen teilen: „So wie ich Sie verstehe, sind Sie der Meinung …", „Ihrer Meinung nach …" Anschließend sagen Sie Ihre eigene – abweichende – Meinung.

Wenn Sie nur die Meinung des anderen wiederholen, ohne Ihre eigene Sichtweise preiszugeben, entspricht das dem sprichwörtlich gewordenen „Kanzlei-Trost": Für den Bittsteller ändert sich nichts – trotzdem fühlt er sich im ersten Moment verstanden. Wenn er allerdings darüber nachdenkt, wird er sich verschaukelt vorkommen – und das mit Recht.

Wiederholen schafft Klarheit

Wenn die Worte des anderen wiederholt werden, kann das Gegenüber kontrollieren, ob das angekommen ist, was er vermitteln wollte.

Wenn die eigenen Worte wiederholt werden, werden Schwerpunkte festlegt, und es wird dem Vergessen zuvorgekommen. Missverständnisse können elegant ausgeräumt werden. Anstatt zu sagen: „Da haben Sie mich falsch verstanden", ist es auch möglich, noch einmal das zu wiederholen, was die andere Person verstehen sollte.

Wiederholen weist die Richtung

Je nachdem, wie und was wiederholt wird, kann unauffällig auf den Gesprächsverlauf Einfluss genommen werden. Wenn nur teilweise wiederholt wird, wird ein Schwerpunkt ausgewählt:

Beispiel:

A: „Das neue Modell ist noch nicht ganz ausgereift, aber der Preis ist o.k."

B: „Ja, der Preis ist o.k." oder

B: „Ja, das neue Modell muss noch verbessert werden."

In den meisten Fällen wird das Gespräch genau an dem Punkt weitergehen, den Sie wiederholt haben.

Bremse oder Vollgas?

Je nachdem, wie, mit welchen Worten und in welchem Tonfall Sie wiederholen, kann das Gespräch auf die Sach- oder Beziehungs- ebene gelenkt werden.

Beispiel:

A: „Sie in Ihrem Saftladen schaffen es ja bestimmt wieder nicht, die Unterlagen rechtzeitig zu schicken."

B: (Vollgas!): „Sie meinen also, unsere Firma ist ein Saft- laden, und ich bin ein Vollidiot?"

Oder (Schritt-Tempo): „Wenn ich richtig verstehe, ist es Ihnen wichtig, dass die Unterlagen zuverlässig bis Montag bei Ihnen sind?"

A: „Ihren Vorschlag halte ich für ungeeignet."

B (Vollgas!): „Sie halten meinen Vorschlag also für einen Krampf!" oder auch emotional bremsen:

B: „Sie meinen, wir sollten gemeinsam einen neuen Vor- schlag entwickeln?"

Sprechgeschwindigkeit kontrollieren

Eine oft unterschätzte Möglichkeit, mit dem Telefonpartner eine gute Gesprächsbeziehung aufzubauen, ist das Anpassen der Sprechgeschwindigkeit. Es gibt überraschend große Unterschiede in der Art und Weise, wie schnell oder langsam Menschen miteinander reden. Typischerweise sprechen Bewohner von Groß- städten schneller als Menschen, die auf dem Land in eher bäuer- lich geprägter Umgebung wohnen. Unerreichbarer Höhepunkt beim schnellen Sprechen ist – wie auch schon bei den anteilneh-menden Geräuschen – die sprichwörtliche „Berliner Schnauze". Die vor einigen Jahren verstorbene Schauspielerin Gisela Schlüter konnte 600 bis 800 Silben in der Minute sprechen.

Wenn nun eine „Quasselstrippe" aus der Großstadt es am Tele-fon mit einem bedächtig und langsam redenden Bauern aus dem Hinterwald zu tun bekommt, ist die Wahrscheinlichkeit gering, dass zwischen den beiden eine gute Gesprächsbeziehung ent-steht. Der Städter wird ungeduldig die Augen verdrehen, bis der Landwirt Satz für Satz formuliert hat, und der Bauer wird es als unangenehm empfinden, wie hektisch und unruhig der andere mit ihm redet.

Indirekt ins Bewusstsein drängt sich den Telefonierenden das Tempo nur, wenn es stark differiert.

Beispiel:

A (langsam):	„Ich rufe an wegen meinem Computer."
B (schnell):	„Nennen Sie bitte die Seriennummer."
A (langsam):	„Ähm, die Seriennummer möchten Sie wissen?"
B (schnell):	„Sie finden Sie auf der Rückseite Ihres Computers. Sie beginnt mit drei Buchstaben."

Wahrscheinlich verfluchen sich in diesem Moment A und B ge-genseitig. B denkt, warum bekomme ich immer die Begriffstutzi-gen, und A fühlt sich wieder einmal gehetzt und unverstanden. Gleiches Tempo erzeugt Sympathie. Ausgeprägt ungleiches Tem-po führt zu Disharmonie.

Achtung: Die Sprechgeschwindigkeit wird meist nur unterschwellig registriert. Schon die Meldung gibt das erste Signal.

Wenn Sie es eher fix und ohne Schnörkel mögen, dann sollte Ihre Meldung keine unnötigen Bestandteile haben: „Guten Tag, Karl Müller AG, Sabine Meitner." Wenn Sie es eher ruhig und warmherzig mögen, dann können Sie schon mit Ihrer Meldung ein entsprechendes Signal senden: „Schönen Guten Tag, Karl Müller AG, Sie sprechen mit Sabine Meitner."

Wenn versucht wird, mit extremem Tempo den anderen zu beschleunigen, wird meist das Gegenteil erreicht. Der andere wird noch langsamer, da er signalisieren will, dass es ihm zu schnell geht. Ähnliches passiert, wenn versucht wird, durch extreme Verlangsamung den anderen zu bremsen. Der andere wird noch ungeduldiger und schneller.

Praxis-Tipp:

■ Die Kunst besteht darin, das eigene Sprechtempo der Aufnahmebereitschaft des anderen anzupassen. Hierfür gibt uns der Gesprächspartner Hinweise durch sein eigenes Sprechtempo.

■ Grundsätzlich sollten Sie im gleichen Tempo oder einen Tick schneller sprechen als Ihr Gegenüber. – Warum einen Tick schneller? Mehrere wissenschaftliche Untersuchungen kamen zum Ergebnis, dass höhere Sprechgeschwindigkeit als Hinweis auf Intelligenz, Sachkompetenz und Glaubwürdigkeit gewertet werden.

Zu schnelles Sprechen verkehrt den positiven Eindruck schlagartig ins Gegenteil. Der Gesprächspartner bekommt das Gefühl, er wird überfahren. Folge: Er wird misstrauisch.

Profis passen sich in solchen Situationen der Sprechgeschwindigkeit ihres Gegenübers an. Sie sollten den anderen nicht kopieren oder karikieren.

Nehmen Sie jedoch beim eher Langsamen Ihre Sprechgeschwindigkeit etwas zurück, und beim Schnellredner sollten auch Sie etwas schneller sein. Auf die Gesprächsbeziehung wird beides einen günstigen Einfluss haben.

Pausen als Mut zur Lücke

Eine Pause ist oft wirkungsvoller als ein lautes Brüllen. Es ist ein Innehalten und Mut zur Lücke. Es hebt Dinge aus einem einheitlichen Brei hervor. In einem Satz wie: „Es hat uns sehr, sehr gefreut" wird die Freude durch die zwei „sehr" eher zugedeckt als hervorgehoben. „Es hat uns (PAUSE) gefreut" hebt die Freude hervor.

Wichtig: Eine wesentliche Aufgabe erfüllen Pausen bei Fragen. Wenn eine Frage gestellt wird, gehört das ruhige Warten auf die Antwort dazu. Bei Zögern des Gegenübers ist man gerne geneigt, gestellte Fragen gleich selbst zu beantworten, anstatt die Antwort abzuwarten.

Oder man schreitet ohne Erlaubnis zur Tat, zum Beispiel: „Möchten Sie in der Leitung warten?" Man will mit „Nein" antworten, kann aber nicht, da der andere uns ohne abwartende Pause „weggedrückt" hat.

Mit Speck fängt man Mäuse: „Sag's positiv!"

Mit Aussagen wie „Der ist außer Haus" – „Das geht nicht" – „Das ist bei uns nicht üblich" ist dem Telefonpartner wenig geholfen. Es bleibt unklar, was der andere für uns tun kann. Nur mit positiven Aussagen wird eindeutig erklärt, was Sache ist. Das Gegenüber weiß nun, woran es ist.

Wer kassiert schon gerne ein „Nein"? Wir mögen es auch nicht, wenn unsere Frage verneint wird und der Wunsch, der sich dahinter verbirgt, abgelehnt wird.

Ein weiterer Grund, warum „Nein" die Kommunikation erschwert, ist: Bei einer Verneinung wird das Anliegen der anderen Person noch einmal wiederholt und so ihr Wunsch zementiert.

Beispiel:

A: „Ist ein Preisnachlass möglich?"

B: „Nein, es gibt bei uns keine Preisnachlässe."

A: „Warum geben Sie keine Preisnachlässe?

B: „Preisnachlässe sind bei uns nicht üblich."

Wenn B doch noch kauft, dann sicher zähneknirschend. Hätte B auf die Frage nach dem Preisnachlass geantwortet, was seine Firma anderes zu bieten hat, hätte er es in der weiteren Verhandlung sicher einfacher gehabt. B: „Mhm, was ich Ihnen anbieten kann, ist Folgendes. Sie kaufen ja zum ersten Mal bei uns. Ich kann Ihnen eine sechswöchige Rückgabegarantie geben. Ist Ihnen damit weitergeholfen?"

Wichtig: Positive Aussagen öffnen und negative Aussagen verschließen. Es geht nicht darum, was getan werden könnte, sondern was getan werden kann und was getan werden wird.

Kommunikationshilfen einsetzen

Es gilt, sich auf Handlungen zu konzentrieren. Dies führt weg von Fragen nach der Schuld und führt zur Suche nach Lösungen.

Benutzen Sie „gute" Worte

Wo würden Sie lieber wohnen? Neben einer Atommülldeponie oder neben einem Kern-Entsorgungspark? Was wären Sie lieber: Beförderungsfall oder Fahrgast? Antragsteller oder Kunde? Die Niere von Zimmer 17 oder unser Patient Herr Schneider? „Stur wie ein Bock" oder „Beständig in Ihren Ansichten"? Konkurrent oder Mitbewerber?

Mit folgender Übung können Sie positive Formulierungen, die für Ihre Telefonate hilfreich sind, trainieren.

Übung: Sag's positiv

Ersetzen Sie die Vorgaben in der linken Spalte durch positive Formulierungen. Die Auflösung finden Sie auf Seite 88.

1. Ich bin nicht sicher … Ich weiß nicht …	Ich kann die Frage im Moment noch nicht beantworten. + Angebot: Ich kümmere mich darum und rufe Sie um 14.00 Uhr zurück.
2. Sie müssen den Knopf drücken.	Drücken .... den Knopf.
3. Frau X ist nicht da.	
4. … leider erst …	
5. Können Sie mir Ihre Rufnummer geben?	
6. Da muss ich Sie mit seiner Sekretärin verbinden.	
7. Sie müssen / Sie sollten …	
8. Wir könnten …	
9. Ich werde versuchen, es Ihnen zuzuschicken.	
10. Es tut mir Leid, dass Sie warten mussten.	
11. Tut mir Leid, da müssen Sie später noch einmal anrufen.	
12. Tut mir Leid, da sind Sie völlig falsch.	
13. Ich muss mal die Kollegin fragen.	
14. Wir sind rund um die Uhr besetzt.	
15. Ehrlich gesagt …	
16. Ich bin nur …	
17. Kein Problem!	

Kommunikationshilfen einsetzen

Auflösung der Übung: Sag's positiv

Die vorliegende Lösung ist unser Vorschlag. Finden Sie nach diesem „Strickmuster" bitte Ihre eigenen Formulierungen. Es wäre unnatürlich, wenn alle Menschen in der gleichen Situation immer das Gleiche sagen würden. Wenn Sie noch bessere Formulierungen gefunden haben, freuen wir uns, wenn Sie uns Ihre Ideen und Anregungen zukommen lassen: E-Mail: study-train@t-online.de

1. Ich bin nicht sicher … Ich weiß nicht …	Ich kann die Frage im Moment noch nicht beantworten. + Angebot: Ich kümmere mich darum und rufe Sie um 14.00 Uhr zurück.
2. Sie müssen den Knopf drücken.	Drücken Sie bitte den Knopf.
3. Frau X ist nicht da.	Frau X ist telefonisch nicht erreichbar, was darf ich ausrichten? Frau X ist morgen ab 14.00 Uhr wieder im Hause, möchten Sie es dann versuchen?
4. … leider erst …	Es geht am … Es geht schon …
5. Können Sie mir Ihre Rufnummer geben?	Bitte geben Sie mir Ihre Rufnummer.
6. Da muss ich Sie mit seiner Sekretärin verbinden.	Darf ich Sie mit seiner Sekretärin verbinden?
7. Sie müssen / Sie sollten …	Bitte, machen Sie … Wenn Sie …, dann …
8. Wir könnten …	Wir können …
9. Ich werde versuchen, es Ihnen zuzuschicken.	Ich gebe es heute noch in unsere Versandabteilung.
10. Es tut mir Leid, dass Sie warten mussten.	Vielen Dank, dass Sie gewartet haben. Danke für Ihre Geduld.
11. Tut mir Leid, da müssen Sie später noch einmal anrufen.	Was darf ich ausrichten?

noch: Auflösung der Übung

12. Tut mir Leid, da sind Sie völlig falsch.	Besser als ich kann Ihnen … helfen.
13. Ich muss mal die Kollegin fragen.	Ich frage gerne meine Kollegin für Sie.
14. Wir sind rund um die Uhr besetzt.	Wir sind rund um die Uhr für Sie da.
15. Ehrlich gesagt …	Haben Sie bei Ihren Aussagen zuvor gelogen? Streichen Sie diese Formulierung ersatzlos aus Ihrem Wortschatz.
16. Ich bin nur …	Ich bin … / Ich bin gerne …
17. Kein Problem!	Mache ich gerne für Sie. Erledige ich sofort für Sie.

Ziele präzisieren

Wenn Sie etwas tun, dann sind Ihre Interessen Auslöser für Ihre Handlungen. Beim Anrufer sind es dessen Interessen. Sie werden beim Anrufer auf taube Ohren stoßen, wenn Sie ausschließlich mit Ihren Beweggründen argumentieren. Erfolgversprechender ist es, zu überlegen, welchen Nutzen der andere von Ihrem Vorschlag hat (Nutzen-Argumentation).

Wahrscheinlich werden Sie sich sehr viel lieber die Durchwahl aufschreiben, wenn die Telefonistin es für Sie so begründet: „Damit Sie Ihn gleich direkt erreichen, gebe ich ihnen die Durchwahl" anstatt, vielleicht wahrheitsgemäß: „Ich gebe Ihnen die Durchwahl, damit ich meine Ruhe habe".

Praxis-Tipp:

Lernen Sie, die Welt aus der Sicht des Telefonpartners zu sehen. Übernehmen Sie seinen Blickwinkel, überlegen Sie sich: Welcher Nutzen liegt in Ihrem Vorschlag für den Anrufer?

Verschenken Sie Komplimente!

In unseren Seminaren führen wir gerne folgende Übung durch: Wir bitten die Teilnehmerinnen und Teilnehmer, sich zu zweit zusammenzufinden. Dann bekommen sie die Aufgabe, sich gegenseitig spontan ein persönliches Kompliment zu machen. Meist erntet man als erstes verdutzte Gesichter, die sich dann schnell aufheitern. Obwohl in dieser Situation die Komplimente erzwungen und aufgesetzt sind, ist nach dieser Übung die Stimmung im Seminarraum dauerhaft besser.

Ein Kompliment erfreut sowohl die Person, die es erhalten hat, als auch die Person, die das Kompliment verschenkt. Die positive Wirkung ist umso stärker, je konkreter, nachvollziehbarer und ungewöhnlicher das Kompliment ist. Ist ein Kompliment platt, ist die Wirkung gering. Machen Sie es sich zur Pflicht, jeden Tag mindestens ein Kompliment oder ein Lob zu platzieren. So bleiben Sie im Training und machen sich und anderen eine Freude.

Sicherlich kann auch jemand ein Kompliment einmal vollkommen missverstehen, z.B. als Anmache. Aber deshalb keine Komplimente zu machen heißt, auf ein Erfolg versprechendes Mittel zu verzichten, das Ihnen und Ihren Telefonpartnern den Tag versüßen kann. Wenn Sie sich in heiklen Situationen auf Komplimente im Zusammenhang mit der gemeinsamen Arbeit beschränken, ist ein Missverständnis mit hoher Wahrscheinlichkeit ausgeschlossen.

Checkliste: Machen Sie Komplimente!

- Zur Arbeitsweise des anderen – „Das haben Sie schnell hinbekommen." „Ich arbeite gerne mit Ihnen zusammen, denn bei Ihnen klappt es immer." „Vielen Dank für Ihre gute Beratung."

- Zur Stimme des anderen – „Ihren Dialekt höre ich gern." „Ich freue mich immer, wenn ich Ihre Stimme höre."

- Zum Namen des andern – „Das ist ein schöner Name." „Ihr Name klingt interessant, darf ich fragen, woher er kommt?"

- Zur Ausstrahlung des anderen: „Ich bewundere Sie. Immer, wenn man mit Ihnen telefoniert, haben Sie gute Laune." „Ich bewundere Sie, wie Sie in dieser Situation so ruhig bleiben." – Dieses Kompliment kann wahre Wunder wirken bei latent aufgebrachten Menschen.

Wenn Ihnen jemand ein Kompliment macht, nehmen Sie es doch einfach an: Viele Menschen können Lob oder Komplimente nicht ertragen. Sie antworten: „Ach, war doch gar nichts." „Ach, das ist doch selbstverständlich." „Kein Problem." Soll sich der Gesprächspartner am Ende noch für das Kompliment bei Ihnen entschuldigen? Viel schöner ist es doch, sich einfach zu bedanken: „Vielen Dank."

Lächelnde Worte

Lächelnde Worte lassen Sie und hoffentlich Ihren Telefonpartner freundlich blicken. Probieren Sie die folgenden Worte aus. Lesen Sie die Worte laut vor und achten Sie darauf, was mit Ihren Mundwinkeln passiert:

- Gerne …

- Für Sie …

- Gratis …

- Selbstverständlich …

Wahrscheinlich sind Ihre Mundwinkel am Ende jedes Wortes in der Mitte oder oben gewesen. Probieren Sie nun diese Worte aus:

- Doof!

- Sauer!

- Mist!

- Quark!

Merken Sie den Unterschied?

Praxis-Tipp:

- Wenn Sie lächelnde Worte einstreuen, erreichen Sie schnell eine freundliche Ausstrahlung. Wenn Sie wissen, dass Sie eher finster klingen, dann ist es Zeit, diese Worte in Ihren Telefonaten auszuprobieren.

- Das Erstaunliche und Schöne ist, dass es nicht nur bei Ihren Kunden wirkt, sondern auch Ihre Stimmung aufhellt.

Schwierige Situationen souverän meistern

4

Geben Sie Ihren Gesprächspartnern immer eine zweite Chance

Die meisten unserer Gesprächspartner am Telefon sind angenehm oder zumindest interessant. Telefonieren macht Freude. Aber hin und wieder passiert es jedem von uns, dass man mit einzelnen Personen nicht zurechtkommt.

Das kann einem den ganzen Tag vermiesen. Man neigt dazu, solche Erlebnisse überzubewerten. Plötzlich bekommt man das Gefühl, dass alle Kunden schwierig sind. Wenn man mit dieser Einstellung ins nächste Telefonat geht, wird diese Prophezeiung auch wahr.

Gönnen Sie sich nach einem misslungenen Gespräch eine „Auszeit". Überlegen Sie, warum dieses Gespräch nicht so lief, wie Sie es wollten. Versuchen Sie, den Grundmechanismus zu verstehen, und fragen Sie sich, was Sie tun können, damit es das nächste Mal besser läuft.

Wichtig: Wir sind stets eine Summe aus Situation und Person. Der gleiche Mensch hätte in einer anderen Situation meist auch anders gehandelt. Sie machen sich das Leben leichter, wenn Sie aufhören, Menschen in Schubladen zu stecken. Berücksichtigen Sie die Situation des anderen. Der „Dauerredner" ist nicht in jeder Situation ein Dauerredner, sondern er steckt momentan in einer Lage, die er Ihnen unbedingt mitteilen will. Vermeiden Sie – auch unter Kollegen – Bezeichnungen wie: „Plaudertasche", „Labersack", „Meckertante", „Kotzbrocken". Und denken Sie auch nicht in solchen Kategorien.

„Dauerredner"

Es gibt einseitige Gesprächssituationen, in denen der andere pausenlos redet. Man will ansetzen, kommt aber nicht zu Wort. Mit folgenden Möglichkeiten bringen Sie sich ins Gespräch:

Reden lassen

Nicht selten hält sich der andere an das Prinzip „Wie Du mir, so ich Dir". Lassen Sie ihn reden, machen Sie anteilnehmende Geräusche und seien Sie ein guter Zuhörer. Für manche Personen sind Sie der erste persönliche Kontakt seit Tagen. Lassen Sie zu, dass der andere seinen Sprechdruck loswird. Experimentieren Sie mit der Erhöhung oder Verringerung Ihrer Rückmeldungen. Wenn wir den anderen reden lassen, kommen wir auch zu Wort.

Unterbrechen Sie

Wenn der andere keine Anstalten macht, Sie zu Wort kommen zu lassen oder Sie in Zeitnot sind, dann bleibt Ihnen nichts anderes übrig, als die Person zu unterbrechen. Für den Einstieg haben Sie mehrere Möglichkeiten, die kombiniert besonders wirkungsvoll sind:

- Namensnennung: „Herr Schulz, ..." Auf den eigenen Namen regieren Menschen am schnellsten.
- Tarnen Sie Ihren Gesprächseinstieg als Verständnisfrage. Wiederholen Sie eine wichtige Kernaussage: „Verstehe ich das richtig? Es geht also um …"
- Belohnung vorweg: „Um Ihnen rasch helfen zu können, …"
- Nennung der Intention: „Lassen Sie mich festhalten …"

In hartnäckigen Fällen hilft „Schallplatte mit Sprung". Setzen Sie immer wieder an: „Herr Schulz", – „Bitte, Herr Schulz", – „Moment, Herr Schulz, …". Schließlich haben Sie sich durch ständiges Wiederholen des eigenen Satzanfangs das Wort erkämpft.

Achtung: All dies sind bessere Varianten, als beleidigt zu monieren: „Nun lassen Sie mich doch auch etwas sagen." – „Nun lassen Sie mich doch auch zu Wort kommen." Solche Formulierungen richten häufig Schaden an und sind unprofessionell. Kombiniert mit einem entsprechenden Tonfall klingen sie wie von einem nörgelnden Kind.

Letztes Mittel: Schweigen

Für extreme Fälle gibt es eine Geheimwaffe, die nur in Notfällen benutzt werden sollte, da sie die Beziehungsebene dauerhaft schädigen kann. Schränken Sie die anteilnehmenden Geräusche ein, bis hin zum tonlosen Schweigen. Bald fragt Ihr Gegenüber: „Sind Sie noch dran?", und nun haben Sie Ihre Chance, zu Wort zu kommen: „Oh ja, ganz bestimmt, ich wollte sicher sein, dass ich alles von Ihnen erfahre, was Ihnen wichtig ist. Meine Ansicht ist folgende …"

„Schweiger"

Nicht ganz einfach ist der Umgang mit Menschen, die ihren Mund nicht aufbekommen. Man hat das Gefühl, dass man ihnen die Worte einzeln entlocken muss. Hier helfen die passenden Fragen.

Stellen Sie als erstes zwei oder drei geschlossene Fragen und warten Sie geduldig auf Antwort. Mit diesen Fragen wird das Reden geübt. Es sollten jedoch nie mehr als drei geschlossene Fragen nacheinander sein, weil sich sonst Ihr zukünftiger Gesprächspartner an einsilbige Antworten gewöhnt. Erst im nächsten Schritt stellen Sie eine offene Frage. Offene Fragen gleich zu Beginn hätten den Gesprächspartner überfordert.

Zusätzlich unterstützen Sie Ihr Gegenüber mit anteilnehmenden Geräuschen. Versehen Sie einzelne seiner Aussagen mit positiven Rückmeldungen: „Gut", „Prima", „Hervorragend". Auch ein konkretes Lob kann Wunder wirken: „Toll, dass Sie sich gleich gemeldet haben." – „Danke, dass Sie Ihre Kundennummer bereitgelegt haben." – „Gut, dass Sie sich auf unser Gespräch vorbereitet haben" – „Vielen Dank für Ihre genaue Schilderung." – „Hört sich gut an."

Achtung: Wenn Sie wie ein Wasserfall reden, überfahren Sie den anderen. Sie brauchen sich dann nicht zu wundern, wenn vom anderen nichts kommt. Haben Sie Mut zu Pausen.

Menschen mit sprachlichen Handikaps

Unter Menschen mit sprachlichen Handikaps verstehen wir Menschen, die Deutsch als Fremdsprache gelernt haben, oder Menschen, denen die Artikulation der Sprache Schwierigkeiten bereitet: Sie stottern, lispeln oder kämpfen mit einem anderen Sprachfehler. Meist wissen diese Leute selbst, dass man sie schwer versteht. So greifen sie eher selten zum Telefon, was das Telefonieren für sie nicht einfacher macht. Denn nun kommt zum Handikap noch eine gewisse Aufgeregtheit hinzu. Falls Ihnen Ihre Geduld einmal ausgehen will, machen Sie sich dies klar. Vielleicht haben Sie selbst schon einmal versucht, in einer Sprache zu telefonieren, die Sie nur unvollständig beherrschen. Sogar Menschen, die eine Fremdsprache fast perfekt sprechen, empfinden das Telefonieren in dieser Sprache als schwierig.

Bei fremdsprachigen Menschen: Vermeiden Sie „Dummdeutsch"

In keinem Fall sollten Sie abkippen in „Dummdeutsch" von der Art: „Du gehen dort hinüber." Achten Sie auch darauf, dass Sie nicht unwillkürlich lauter reden – wer Mühe mit der Sprache hat, ist noch lange nicht schwerhörig.

Beispiel:

Auf einem Staatsempfang wurde ein Ministerialrat neben einem Schwarzafrikaner platziert – aus seiner Sicht neben einem „Neger". Er blickte ihn freundlich an, und prostete ihm zu mit den Worten „Gluck gluck gutt?" Der Schwarzafrikaner nickte freundlich und schwieg. Solchermaßen ermutigt, vertiefte er die Unterhaltung mit dem Verweis aufs Essen:

> „Hamm hamm gutt?" Sein Gegenüber nickte wieder. Kurze Zeit später stand der junge Diplomat aus Schwarzafrika auf, klingelte am Glas und – hielt eine ausgezeichnete Gesellschaftsrede in perfektem Hochdeutsch. Anhaltender Applaus. Er nickte in die Runde und setzte sich wieder hin. Dann fixierte er seinen Nachbarn und fragte anteilnehmend: „Blah blah gutt?"

Wenn Sie häufiger mit fremdsprachigen Menschen zu tun haben, dann hilft Ihnen eine Liste der Menschen in Ihrer Organisation, die eine andere Sprache sprechen und die sich bereit erklärt haben, mit Landsleuten zu telefonieren. Auch komplizierte Fälle lösen sich so durch einfaches Weiterverbinden. In „harten Fällen" bestätigen Sie außerdem Informationen per Fax oder Post.

Mitarbeiterinnen der Telefonzentrale einer großen Versicherung haben gelernt, auf Türkisch zu sagen: „Moment bitte, ich verbinde Sie mit unseren Türkischen Kollegen" – und sind stolz darauf.

Bei Menschen mit Artikulationsschwierigkeiten: Schaffen Sie eine „normale" Situation

Bringen Sie mit Hilfe von anteilnehmenden Geräuschen Ruhe ins Gespräch. Zeigen Sie diesem Anrufer, dass Sie Zeit haben und ihm zuhören werden. Wenn ihm ein Wort fehlt und Sie ahnen, was er meint, dann legen Sie ihm das fehlende Wort einfach in den Mund. Wiederholen Sie zur Klärung, was Sie verstanden haben.

Aufdringliche Menschen

Als aufdringlich erleben wir Menschen, die z.B. wiederholt anrufen, weil sie uns zu etwas drängen wollen oder möchten, dass etwas schneller geht.

Jemand will Sie zu etwas drängen

Wenn Sie kein Interesse haben, sagen Sie: „Nein". Sie können, wenn Sie die Person nicht vor den Kopf stoßen wollen, Ihr „Nein" folgendermaßen abfedern:

- Wiederholen, was die Person wünscht. Dies stellt sicher, dass kein Missverständnis vorliegt, und zeigt, dass sie verstanden haben. „Sie möchten uns Ihr Hotel anbieten?"

- Ein klares Nein aussprechen. „Nein, im Moment haben wir kein Interesse."

- Begründung liefern: „Wir führen dieses Jahr unsere Seminare nur in Großstädten durch." Doch Vorsicht: Sie setzen sich der Gefahr aus, Ihre Begründung diskutieren zu müssen.

- Alternative nennen: „Für unsere Hotelkartei können Sie uns gerne Ihren Prospekt zuschicken." Damit wird die Beziehung gepflegt.

Umgang mit Dränglern

Ein Kunde hinterlässt Ihnen eine Unklarheit. Nun ruft er Sie jede halbe Stunde an, um den letzten Stand der Dinge zu erfragen. Kommen Sie ihm zuvor. Rufen Sie an, bevor er wieder anrufen würde. Informieren Sie ihn über den aktuellen Stand: „Herr Weber, ich rufe an, um Ihnen zu sagen, dass wir an Ihren Kugellagern dran sind. Sobald ich etwas Neues weiß, melde ich mich sofort. Am Freitag bis 12.00 Uhr informiere ich Sie in jedem Fall über den exakten Liefertermin. Können wir so verbleiben?" Nun muss spätestens am Freitag bis 11.45 Uhr zurückgerufen werden.

Aus irgendeinem Grund hat der „Drängler" den Eindruck gewonnen, dass nichts geschieht, wenn er nicht „schiebt". Er ist misstrauisch. Durch regelmäßige und zuverlässige Anrufe kann sein Vertrauen wieder zurückgewonnen werden. Diese neue Bindung wird allerdings meist nicht auf die Firma übertragen, sondern erst einmal nur auf den Gesprächspartner, an den sich der andere heftet. „Ich spreche nur noch mit Frau Müller, da weiß ich wenigstens, dass es klappt."

Wenn Sie dies vermeiden wollen, sorgen Sie dafür, dass alle Mitarbeiter in Ihrem Bereich das richtige Telefonbewusstsein bekommen, z.B. durch eine gute Telefonschulung.

Beruflicher Umgang mit Unfall und Todesfall

Der Umgang mit Unfall oder Tod ist in der beruflichen Telefonpraxis eine in vielen Branchen gar nicht so seltene Situation. Es rufen Menschen an, um mitzuteilen, dass ein naher Angehöriger einen Unfall hatte oder gestorben ist.

Den Mitarbeiter einer Krankenversicherung, in der Personalabteilung oder im Automobilclub bringt dies in eine zwiespältige Lage, die Taktgefühl erfordert. Er kennt die Betroffenen meist nicht persönlich und hat eigentlich keinen Anlass zu Schreck oder Trauer. Andererseits ist es ein ehrenwerter menschlicher Zug, anderen Menschen, denen ein Leid widerfahren ist, Mitgefühl zu zeigen.

Es ist zu Beginn des Telefonats unklar, ob der Angehörige in diesem Moment Anteilnahme erwartet, oder – völlig auf der Sachebene – die zu seinem Aufgabengebiet gehörende Antwort in Sachfragen. Trifft man die falsche Wahl, hat man den Angehörigen verletzt, weil man „gefühlskalt" sofort sachlich wurde – oder verärgert, weil er findet, dass uns sein Leid nichts angeht. Auch wenn wir in fast allen Gesprächssituationen empfehlen, die Gesprächsführung zu übernehmen oder zu behalten – hier ist nun eine der ganz wenigen Situationen, in denen es einfacher wird,

wenn Sie dem anderen für kurze Zeit die Gesprächsführung über-
lassen. Er soll selbst entscheiden, wann er zur Sachebene über-
wechseln will.

So bewältigen Sie diese schwierige Situation mit Anstand

Sprechen Sie den Anrufer mit seinem Namen an und zeigen Sie –
in einem Satz – Ihr Mitgefühl. „Frau Schneider, das tut mir Leid."
Machen Sie nun eine abwartende Pause und übertragen Sie
dadurch dem anderen die Gesprächslenkung. Falls er gleich zur
Sache kommen möchte, wird er es jetzt tun, und das Gespräch
nimmt sofort einen gewohnten Verlauf. Falls er Ihnen etwas über
seine Situation erzählen möchte, wird er jetzt einige Sätze über
den Verstorbenen/Verunglückten sagen. Sie sollten an dieser Stelle
einfach zuhören. „Mmmh" – „Ich verstehe" – „Ja".

Führen Sie allmählich zur Sachebene hin. Nachdem Sie einige Sätze lang zugehört haben, machen Sie einen zweiten Versuch in
Richtung Sachebene: „Frau Schneider, da haben Sie jetzt sicher
viele Dinge zu bedenken." Erneut sollten Sie eine abwartende
Pause einlegen. Falls der andere jetzt zur Sache kommen möchte,
wird er es tun, und das Gespräch nimmt jetzt seinen gewohnten
Verlauf. Die Formulierung „bedenken" ist ein Schritt in Richtung
Versachlichung. Falls er Ihnen erneut etwas Persönliches über sei-
ne eigene schwierige Situation sagen möchte, erlauben Sie ihm
das durch Ihr Zuhören nochmals für einige Sätze: „Mmmh" –
„Ich verstehe" – „Ja". Nach zweimaligem Zuhören jedoch haben
Sie als Unbeteiligter Ihr Mitgefühl genügend zum Ausdruck ge-
bracht. Sie übernehmen nun allmählich wieder die Führung des
Gesprächs.

Überleiten zur Sachebene: „Damit ich Ihnen gleich helfen kann,
…" oder „Damit ich Ihnen wenigstens eine Angelegenheit davon
abnehmen kann …" „… brauche ich noch folgende Angaben".
Die Gesprächsführung liegt wieder voll bei uns.

Mit Beschwerden und Wut richtig umgehen

Egal, mit wem Sie telefonieren, ob externe Anrufer oder ausschließlich firmeninterne Gespräche, es gibt zwei gefährliche weit verbreitete Glaubenssätze, die Sie überdenken sollten:

Der erste „schlimme Satz" lautet ungefähr: „Ich arbeite nicht im „Kundenservice", mein Bereich heißt Marketing, Vertrieb, Disposition, Sekretariat, Hausdruckerei, Reparaturannahme …".

Der zweite Satz voller Gefahren heißt etwa: „Die schlimmsten Kunden sind die, die sich auch noch beschweren."

„Was ist ein Kunde?" oder „Bin ich im Kundenservice?"

In Seminaren stellen wir oft fest, dass unter dem Begriff „Kunde" höchst Unterschiedliches verstanden wird. In einem Kundenservice-Seminar meinte ein Teilnehmer: „Sie reden hier immer von Kunden. Ich arbeite an der Pforte des Einwohnermeldeamts. Ich habe keine Kunden." Ein anderer Teilnehmer fügte leise, aber vernehmlich hinzu: „Nur Opfer."

Wenn wir in diesem Buch das Wort „Kunde" verwenden, dann meinen wir alle Menschen, denen Sie zuarbeiten: Der Bürger, der aufs Amt kommt; das Vereinsmitglied, das regelmäßig seinen Beitrag zahlt; die Kollegin, für die Sie einen internen Arbeitsauftrag übernommen haben.

Es geht bei einer Kundenbeziehung nicht immer um Geld. Auch eine geschäftsinterne Zusammenarbeit kann sehr wohl als Kundenbeziehung angesehen werden. Sie freut es ebenso, wenn Sie in der Firmenkantine mit einem Lächeln bedient werden und nicht einen lieblosen Schlag aufs Blechtablett verabreicht bekommen. Auch in der Personalabteilung ist es Ihnen wichtig, korrekt behandelt zu werden. Eine Sekretärin kann und sollte die Menschen, denen sie zuarbeitet, als ihre Kunden auffassen. Ebenso sollte ein Vorgesetzter seine Mitarbeiter als Kunden begreifen. Alles dies sind interne Kundenbeziehungen.

Wie soll es gelingen, nach außen mit anderen Menschen freundlich umzugehen, wenn intern Unzuverlässigkeit und ein rüder Ton herrschen? Es braucht nur kurze Zeit, bis innere Streitigkeiten sich auch außerhalb der eigenen vier Firmenwände in schlechtem Kundenservice manifestieren.

Beschwerdeführer sind nette Menschen

Es gibt einige Zahlen aus der amerikanischen Marketingforschung, die unserer Meinung nach in ihrer Relation allgemein gültig sind für alle Arten von Kundenbeziehungen:

- Nur 5 Prozent aller unzufriedenen Menschen beschweren sich.
- Aber 90 Prozent der unzufriedenen Menschen bleiben schließlich weg oder finden andere Möglichkeiten, die uns schaden.

Sie verhalten sich wahrscheinlich auch nicht anders. Was tun Sie, wenn Sie in einem Restaurant essen gehen und es schmeckt Ihnen nicht? Das Essen ist ziemlich daneben geraten, die Suppe war lau, das Huhn ist so alt, wie es der Wein gerne geworden wäre, und alles ist ideenlos und lieblos inszeniert. Natürlich gehen wir nie mehr dorthin. Natürlich raten wir in unserem Freundeskreis allen anderen ab, dort zu essen.

Aber – haben Sie sich im Lokal beschwert? Der Ober kam und fragte „Hat es geschmeckt?" Nur 5 Prozent aller Unzufriedenen beschweren sich direkt.

Aber fast 100 Prozent erzählen es weiter: Gute Erfahrungen werden durchschnittlich dreimal weitergetragen. Schlechte Serviceerfahrungen werden mindestens neunmal weitererzählt, durchschnittliche elfmal, und 13 Prozent aller unzufriedenen Menschen sprechen mit mehr als zwanzig (!) anderen Menschen darüber. 2 Prozent machen daraus ein „Lebensthema". Wahrscheinlich kennen Sie genügend lebende Beispiele in Ihrem Bekanntenkreis. Immer wenn das Gespräch zufällig auf einen Laden, ein Restaurant, eine Arztpraxis oder eine sonstige Einrichtung kommt, wird – auch zwanzig Jahre später – die intensiv erlebte Leidensgeschichte von neuem erzählt.

Im für den Verursacher ungünstigsten Fall landen negative Service-Erlebnisse sogar in einer Zeitschrift, im Fernsehen oder in einem Buch.

Beschwerden sind ein Geschenk

Wenn sich jedoch nur durchschnittlich 5 Prozent aller unzufriedenen Kunden direkt beschweren, dann heißt der logische, aber unbequeme Umkehrschluss für die Situation am Telefon:

Sie sollten den Menschen, die bei Ihnen reklamieren, dankbar sein dafür, dass sie sich beschweren.

Erstens bekommen Sie eine zweite Chance. Der unzufriedene Kunde hätte auch einfach wegbleiben können, wie 90 Prozent der Unzufriedenen. Er zeigt durch seine Beschwerde, dass er Ihnen zutraut, ein offenes Wort zu vertragen, und dass er an Ihre prinzipielle Gutwilligkeit glaubt.

Zweitens bekommen Sie kostenlos Informationen über Verbesserungsmöglichkeiten. Manche Firmen beauftragen Unternehmensberatungen, die für vierstellige Tagessätze Verbesserungsvorschläge erarbeiten. Der Kunde, der sich beschwert, gibt uns seine Hinweise für Verbesserungsmöglichkeiten gratis.

Der dritte Grund für Dankbarkeit gegenüber Beschwerdeführern ist: Unzufriedene Kunden, die zufrieden gestellt wurden, sind besonders treue Kunden.

Praxis-Tipp:

Machen Sie sich ein Bild: Stellen Sie sich hinter jedem Beschwerdeführer 19 andere Menschen vor, die finster schweigen, weil sie ähnliche Reklamationsgründe haben. Es wird Ihnen dann leichter fallen, den einen Menschen nett zu finden und ihm dankbar zu sein, der sich stellvertretend für alle anderen die Mühe macht und direkt mit Ihnen spricht.

In Zahlen ausgedrückt: Dadurch, dass ein Kunde sich beschwert, verdoppelt er die Wahrscheinlichkeit, dass er Ihr Kunde bleibt. Wenn Sie ihm zuhören, versechsfacht sich diese Wahrscheinlichkeit.

Wenn Sie für Abhilfe sorgen, d.h. Konsequenzen aus seiner Beschwerde ziehen und dem Kunden aus der Klemme helfen, verneunfacht (!) sich die Wahrscheinlichkeit, dass er Ihnen als Kunde erhalten bleibt.

Firmeninterne „Zwangs"-beziehungen

Es gibt bei innerbetrieblichen Service-Leistungen nicht ganz selten die Neigung, interne Beschwerden weniger ernst zu nehmen als Beschwerden von externen Kunden. Kolleginnen und Kollegen, so glaubt man, sind ja in einer Art „Zwangsbeziehung" zum Beispiel an die Hausdruckerei gebunden und haben oft keine Möglichkeit, sich auf dem freien Markt zu versorgen. Es sei deswegen weniger notwendig, so guten Service zu bieten wie in einer echten Konkurrenzsituation auf dem freien Markt.

Machen Sie sich jedoch klar, dass auch innerbetrieblich die gleichen Kommunikationsmechanismen wirken. Externe Kunden wechseln bei Unzufriedenheit zu einem anderen Anbieter. Interne Kunden, die nicht zufrieden sind, machen ihrem Ärger auf andere Weise Luft; sie erzählen es öfter weiter, denn dies ist ihr einziges

Schwierige Situationen souverän meistern

Ärger-Ventil. Achten Sie auf den innerbetrieblichen Kommunikations-"Marktplätzen" wie Kantine, Cafeteria oder Betriebsfeiern darauf, welche Gesprächsthemen quer durchs Unternehmen abteilungsübergreifend „bearbeitet" werden.

Die wirkungsvollste Empfehlung ist und bleibt die persönliche Empfehlung

Unser persönliches „Image" oder der „gute Ruf" einer Abteilung sind nichts anderes als die Summe aller weitererzählten Kundenservice-Erfahrungen der Kollegen. Im Außenverhältnis gilt dies ganz genauso. Es gibt Unternehmen, die es geschafft haben, seit mehreren Generationen ein überwiegend gutes Image zu haben. Im Haushaltsgerätebereich ist dies zum Beispiel die Firma Miele. Andere Unternehmen haben ein eher schlechtes Image – selten jedoch über drei Generationen hinweg …

Übung: Eigene Beschwerdeerfahrung

Bitte überlegen Sie – schriftlich in Stichworten – die Antwort auf folgende Fragen:

■ Wo und worüber haben Sie sich im letzten Jahr beschwert?

....

....

■ Wie ist man mit Ihnen umgesprungen?

....

....

■ Worüber haben Sie sich gefreut?

....

....

- Worüber haben Sie sich (besonders) geärgert?

  ....

  ....

- Haben Sie dort wieder gekauft?

  ....

  ....

- Wo gehen Sie nicht mehr (nie mehr!) hin?

  ....

  ....

- Und warum nicht?

  ....

  ....

Weniger versprechen als halten

Es gibt vor allem folgende Auslöser für Beschwerden:

- Niemand hat zugehört, keiner nahm sich Zeit.

- Mitarbeiter waren unhöflich oder unkorrekt.

- Versprechen wurden nicht eingehalten.

Die ersten beiden Punkte sind durch Bewusstseinsbildung gut anzugehen: durch Schulungen und andere Motivationsmaßnahmen. Der dritte Punkt bedeutet, dass wir außerordentlich vorsichtig und überlegt sein sollten, bevor wir etwas zusagen oder versprechen.

Dieses einfache Schema verdeutlicht, wie Empfindungen beim Kunden entstehen:

- Ist das, was der Kunde bekommt, mehr, als er erwartet, ist er begeistert:
Erwartung < Dienstleistung = Begeisterung

- Bekommt er genau das, was er erwartet, ist er zufrieden:
Erwartung = Dienstleistung = Zufriedenheit

- Bekommt er jedoch weniger, als er erwartet hat, ist Enttäuschung die Folge:
Erwartung > Dienstleistung = Enttäuschung

Wir haben danach zwei Ansatzmöglichkeiten, unsere Kunden zufrieden zu stellen: Entweder wir geben mehr, oder wir versprechen weniger als bisher.

Beispiel:

Vor einigen Jahren hat die Deutsche Bahn ein einfach phantastisches neues Angebot gemacht. Man konnte für 15,– DM am Wochenende in Eilzügen mit bis zu fünf Personen beliebig weit fahren, das heißt also „für drei Mark pro Nase". Es passierte das, was jede Marketingabteilung erhofft: Das neue Angebot wurde angenommen. Es wurde sogar so gut angenommen, dass es Züge gab, die zu 280 Prozent ausgelastet waren. Nicht jeder neue Fahrgast hatte es sich so vorgestellt: sardinengleich eingepresst im Stehen über Land zu fahren. Man konnte – allerdings nur im Wortsinn – sein Leben „in vollen Zügen" genießen. Die Bahn sann auf Abhilfe, erhöhte den Preis für das Wochenend-Ticket auf 30,– DM, und das Bahnreisen am Wochenende normalisierte sich. Doch die Fahrgäste waren keinesfalls zufriedener: „Jetzt kostet's ja doppelt soviel wie vorher."

Was wäre gewesen, wenn die Bahn „etwas weniger versprochen und mehr gehalten" hätte? So zum Beispiel „Für 50.– DM am Wochenende können fünf Personen beliebig weit fahren – für 10,– DM pro Nase." Und wenn die Züge noch nicht voll gewesen wären, hätte die Bahn nachlegen können mit einer weiteren Preissenkung: „Jetzt wird's noch toller – für 40,– DM …"

Die Kunden hätten am Ende wahrscheinlich gesagt: „Phantastisches Angebot" und hätten bei dieser Vorgehensweise sogar mehr bezahlt als nach der Preiserhöhung von 15,– DM auf 30,– DM im ersten Fall.

Praxis-Tipp:

- Auch wenn Sie negative Botschaften zu überbringen haben, spielt die im Vorfeld erzeugte Erwartungshaltung eine ganz wesentliche Rolle: Bei von vornherein niedrigen Erwartungen sieht die gleiche „schlimme Botschaft" besser aus als bei einem Absturz aus freudiger Erwartungshöhe wegen zu großer Versprechungen, die nicht gehalten werden konnten.

- Signalisieren Sie rechtzeitig, wenn es schwierig werden könnte.

Umgang mit verärgerten Anrufern

Ein verärgerter Kunde ist meist nicht besonders freundlich, aber er ist immer noch an Zusammenarbeit interessiert. Die einzig mögliche Basis ist die gemeinsame Suche nach einer Lösung.

So kommen Sie Schritt für Schritt der Lösung näher: Hören Sie dem reklamierenden Kunden wirklich zu! Denn Zuhören ist etwas anderes als „Zur-Kenntnis-Nehmen".

Beispiel:

Ein Trainer hatte im Winter in Frankfurt einen Vortrag zum Thema „Kundenservice" zu halten und war schon am Vorabend angereist. Sein Zimmer in einem Luxushotel lag im 14. Stock an der Hausecke, mit zwei Außenfronten. Nachts um drei wurde er wach, weil es furchtbar kalt war. Sein Reise- und Seminarwecker hatte auch eine Temperaturanzeige: Die Zimmertemperatur lag – bei geschlossenem Fenster – bei 8 Grad.

Nun ist die Wahrscheinlichkeit, nachts um 3.00 Uhr einen Heizungstechniker zu finden, gering, und er versuchte gar nicht, sich zu beschweren. Statt dessen suchte er nach Woll- decken, zog einen Pullover über, deckte sich im Bett noch mit dem Mantel zu und „überlebte" bis zum Morgen.

Beim Auschecken sagte er, wie kalt es gewesen sei, und dass er die ganze Nacht gefroren habe. Der Mitarbeiter an der Rezeption antwortete sachlich: „Ja. Hier ist Ihre Rechnung."

Die Sache selbst war nicht mehr zu ändern – die Nacht war vorbei und der Hotelgast hatte nur noch seinen Vortrag zu halten. Trotzdem hätte die Situation mit einer Kombination von folgenden Sätzen gerettet werden können: „Schlimm. Das darf nun wirklich nicht sein." „Gut, dass Sie es sagen, so können wir es wenigstens reparieren lassen." „Es tut mir Leid – Sie hatten sicher eine sehr unangenehme Nacht." – „Sie haben das Recht, von unserem Haus etwas anderes zu erwar- ten." Hätte sich der Mitarbeiter dann noch die Zimmernum- mer notiert, so hätte der Mann das Gefühl bekommen, dass seine Leidensnacht wenigstens kein zweites Mal vorkommt.

Um 8.30 Uhr wussten von diesem Vorfall der Mitarbeiter an der Rezeption und der Trainer. Kurz nach 9.00 Uhr war die Zahl der Mitwisser auf 140 Personen angewachsen, denn er hatte die Schilderung seiner Nacht, gefolgt von der unsensib- len Reaktion des Hotelangestellten, als aktuellen Einstieg für seinen Vortrag verwendet.

Praxis-Tipp:

Zeigen Sie am Telefon, dass Sie die Beschwerde ernst nehmen. Kündigen Sie an, dass Sie die wesentlichen Daten mitschreiben. Auf keinen Fall sollten Sie sagen: „Schreiben Sie es
auf und schicken Sie es uns."

Lernen Sie den Unterschied zwischen Zuhören und Zustimmen

Viele Menschen verwechseln Zuhören mit Zustimmung. „Ja, ich
höre Ihnen zu" bedeutet noch lange nicht, dass wir dem anderen
Recht geben (= „Ja, Sie haben Recht."). Es ist in Ordnung, dass
Sie eine andere Sichtweise der Dinge haben – aber hören Sie den
anderen wenigstens an.

Spiegeln Sie Gefühle

„Ich kann verstehen, dass Sie verärgert sind." – „Ich merke, dass
Sie verärgert sind."

In unserem Berateralltag sitzen wir oft neben Mitarbeitern von
Call-Centern und Service-Abteilungen und hören viele Telefonate
live mit. Wir wissen, dass selbst erfahrene Call-Center-Agents sich
scheuen, auf die Gefühle des Anrufers „einzusteigen", weil sie
glauben, das Telefonat würde dadurch länger. Doch genau das
Gegenteil ist der Fall.

Wichtig: Gefühle sind Tatsachen.

Der Anrufer erwartet, dass wir seine Gefühle in der für ihn
schwierigen Situation ernst nehmen. Es ist unwichtig, ob Sie sich
in einer ähnlichen Situation anders gefühlt hätten.

Stellen Sie sich einen Mitarbeiter einer Versicherung vor. Jemand
ruft aus dem Urlaub an und teilt aufgeregt mit, er habe vor acht

Schwierige Situationen souverän meistern

Minuten gemerkt, dass sein Auto aufgebrochen wurde. Das ganze Urlaubsgepäck sei weg, das Radio ausgebaut, die Sitze zerschnitten, der Lack zerkratzt, die Leichtmetallfelgen fehlten samt den Reifen, und das Auto stehe auf acht Ziegelsteinen. Und nun fragt der Sachbearbeiter der Versicherung ungerührt: „Ja. Wie lautet Ihre Versicherungsnummer?"

Was macht nun der Anrufer? Entweder er explodiert sofort oder – wenn er sich sehr unter Kontrolle hat – erzählt er das Gleiche mit anderen Worten noch einmal, allerdings länger, detaillierter und drastischer. Dies bringt jedoch den Versicherungsmitarbeiter nicht weiter: Er erfährt inhaltlich nichts Neues, und es kostet unnötig Zeit.

Spiegeln Sie in solchen Situationen zuerst das Gefühl des Anrufers, und achten Sie darauf, dass er dies annehmen kann. Folgender Satz würde die Situation kaum besser machen: „Schlimm. – Wie lautet Ihre Versicherungsnummer?" Hier wird zu kurz auf das Gefühl des Anrufers eingegangen.

> **Praxis-Tipp:**
>
> Erfolgreicher sind Sätze dieser Art: „Ich verstehe. Sie sind in einer sehr schwierigen Situation. Es ist äußerst unangenehm, wenn das ganze Urlaubsgepäck weg ist. – Damit ich Ihnen gleich helfen kann, brauche ich noch Ihre Heimatadresse und Ihr Geburtsdatum."

Geben Sie Fehler zu

Schieben Sie die Schuld nicht auf andere, sondern übernehmen Sie persönlich die Verantwortung.

Seit unserer Kindheit haben die meisten von uns ein gestörtes Verhältnis zum Fehlermachen: „Ich war's nicht. Keine Ahnung, wie das Loch in die Fensterscheibe gekommen ist. Das waren bestimmt die bösen Kinder aus der Nebenstraße." Nicht viel anders klingt es häufig auch im Umfeld von Reklamationen: „Das verstehe ich nicht. Keine Ahnung, wie das passieren konnte. Das hat der Versand verbockt …"

Es ist ein sicheres Indiz für schlechten Service, wenn die Schuld auf andere geschoben wird. Das letzte, was ein verärgerter Kunde hören will, sind Ausflüchte und vage Formulierungen. Ehrlichkeit hingegen wird meist akzeptiert. „Es ist nicht in Ordnung, dass das passiert ist. Sie haben das Recht, von unserem Unternehmen etwas anderes zu erwarten. Es tut mir Leid." (Der Zusatz „Es tut mir Leid" ist nur bei wirklichen „Katastrophen" angemessen.)

Stellen Sie eine „Belohnung" in Aussicht

„Damit ich Ihnen sofort helfen kann" (= Belohnung) „brauche ich noch Ihre Kundennummer" (= Fakten).

Machen Sie sich klar: Das Letzte, was ein verärgerter oder gestresster Mensch will, ist, Ihnen aus seiner Sicht im Moment völlig unwesentliche Fakten zu geben, die nur Sie benötigen: Versicherungsnummer, Seriennummer, Aktenzeichen, Firmenkürzel etc. Zum Beispiel: Sein Bildschirm ist schwarz, er muss binnen Viertelstunden eine wichtige Präsentation fertig stellen, und die Mitarbeiterin der Hotline wagt es, ihn nach der Seriennummer des defekten Gerätes zu fragen!

Wichtig: Damit Sie die Kooperationsbereitschaft des verärgerten Anrufers gewinnen, gewöhnen Sie sich an, ihm zuerst seinen Nutzen aufzuzeigen, und erst danach die Fakten zu erfragen:

- „Damit ich Ihnen gleich helfen kann – brauche ich noch Ihre Kundennummer."

- „Damit ich Ihnen direkt am Telefon helfen kann, benötige ich noch die Seriennummer Ihres Gerätes."

- „Damit der Brief Sie direkt erreicht – sagen Sie mir bitte noch Ihren Vornamen."

- „Damit Sie sofort Hilfe bekommen – rufen Sie bitte die Pannenhilfe direkt an."

*Warum Sie nicht immer auf das antworten sollten,
was gefragt wird*

Nachdem wir unser Unternehmen study & train gegründet hatten, starteten wir mit einer großen Mailingaktion. Da unser Adressenbestand dafür noch zu klein war, mieteten wir Adressen von unterschiedlichen Adressenhändlern. Nachdem die Briefe verschickt worden waren, warteten wir gespannt auf den Rücklauf. Doch statt erwarteter Anmeldungen zu unseren Seminaren war gleich der erste Anruf eine Beschwerde: „Wir haben von Ihnen ein Mailing geschickt bekommen. Woher haben Sie überhaupt unsere Adresse?" Die Erklärung, dass wir seine Adresse gar nicht hätten und es auch nicht ganz einfach herausfinden könnten, von welchem Adressenhändler wir seine Adresse erhalten hätten, wurde nicht akzeptiert. Das Gespräch wurde abgebrochen mit der Bemerkung: „Hören Sie doch auf mit Ihren Erklärungen! Und merken Sie sich, ich will keine Mailings mehr von Ihnen!" Klack, und der Telefonhörer wurde aufgeknallt. Da der Anrufer seine Adresse nicht übermittelt hatte, gab es auch keine Möglichkeit für uns herauszufinden, von welchem Adressenhändler diese Adresse stammte.

Neben vielen Seminaranmeldungen gab es noch einige Mailingverweigerer, und wir bekamen eine Reihe ähnlicher Anrufe. Doch nach dem zweiten Anruf hatten wir kapiert, dass die Anrufer zwar fragten, woher wir die Adresse hätten, doch letztlich war es Ihnen viel wichtiger, in Zukunft keine Mailings mehr zugeschickt zu bekommen. Deshalb war es wirksamer, seine Frage aufzuschieben: „Das erkläre ich Ihnen gern. Doch zuvor sollten Sie mir noch Ihren Namen und Ihre Adresse sagen, damit ich veranlassen kann, dass Sie keine Mailings mehr von uns bekommen." Dies führte sofort zu einer entspannteren Atmosphäre, denn jetzt hatte der Anrufer ja das Ziel seines Anrufes erreicht. Meistens fragte er auch nicht mehr nach, woher wir seine Adresse hätten, sondern beendete das Gespräch, nachdem er uns seine Adresse gegeben hatte.

Praxis-Tipp:

- Überlegen Sie genau, was der Anrufer will. Nicht immer ist das, was er sagt, identisch mit dem, was er will. Streiten Sie nicht um Positionen, sondern ergründen Sie die zugrunde liegenden Interessen. Gehen Sie vor allem darauf ein.

- Alles andere, was der Anrufer vermutlich sonst noch wissen will, erklären Sie ihm nur, wenn er Sie danach fragt.

Im Allgemeinen interessiert den Anrufer nicht, warum die Hotelbuchung nicht registriert wurde oder warum Ihnen eine Ware immer noch nicht geliefert oder das defekte Gerät noch nicht repariert wurde. Beschwerdeanrufer interessiert nur eins: Wie kann seinem Anliegen am schnellsten und effizientesten entsprochen werden? Deshalb hört man dann auch häufig Formulierungen wie: „Sparen Sie sich Ihre Erklärungen. Ich brauche ein Hotelzimmer, und das möglichst schnell." oder „Ihre Erklärungen interessieren mich nicht. Ich will wissen, wann die Ware bei mir ist."

Für einen selbst ist es ein wenig frustrierend, wenn Anrufer nicht hören wollen, warum etwas schief gelaufen ist.

Regen Sie sich aber nicht darüber auf, sondern freuen Sie sich, wenn ein Anrufer wirklich ausdrücklich erklärt haben will, warum etwas nicht geklappt hat.

Bieten Sie Lösungsmöglichkeiten an

Erarbeiten Sie mit dem Kunden eine Lösung. Machen Sie nun einige Vorschläge für Lösungsansätze. In den meisten Fällen wird Ihr Kunde nun bereit sein, darauf einzugehen. Falls er Ihre Vorschläge nicht akzeptiert, bitten Sie Ihr Gegenüber um Mithilfe: „Was schlagen Sie vor?" Oftmals hat unser Kunde mehr über die Situation nachgedacht als wir.

Beispiel:

Ein Fahrradhändler hatte zwei Fahrräder verkauft. Am nächsten Tag kommt ein wütender und erbitterter Anruf eines Kunden. Zwar konnte der Händler aus dem Wortschwall viel Aufregung und Beschuldigungen entnehmen, jedoch kaum Sachinformationen. Nach einigen Minuten war klar, dass eines der beiden Fahrräder an einer verborgenen Stelle einen kleinen Lackschaden hatte. Der Händler schlug vor, das Fahrrad umzutauschen gegen ein anderes, das gemeinsam daraufhin kontrolliert werden sollte, dass der Lack tadellos sei. Die Reaktion auf diesen Vorschlag war heftig: „Woll'n wa nicht!" Die Schimpfkanonade ging weiter. Der Händler schlug vor, das Fahrrad zurückzunehmen und den Kaufpreis zu erstatten. Noch heftigere Reaktion: „Woll'n wa nicht!" und weiteres Schimpfen. Schließlich sagte der Händler ein Zauberwort: „Was schlagen Sie vor?", und wie aus der Pistole geschossen kommt die Antwort: „Preisnachlass!" Der Händler erwägt im Kopf einen Nachlass von 10 bis 15 Prozent, in diesem Fall etwa 200,– bis 300,– DM, fragt jedoch weiter: „An welchen Betrag haben Sie gedacht?" Die Antwort: „40,– DM".

Oftmals sind Kunden mit weniger zufrieden, als wir zu geben bereit gewesen wären, oder sie machen leichter zu verwirklichende Vorschläge als wir. Aber um dies herauszufinden, müssen wir sie fragen.

Was tun, wenn der Kunde mehr verlangt, als wir geben können?

In diesem Fall entwickeln Sie Sachkriterien. Wenn im Falle des Fahrradhändlers die Kundin beispielsweise 1000,– DM Preisnachlass verlangt hätte, hätte er ausgeführt, um wie viel er das zurückgenommene Rad im Laden hätte reduzieren müssen, um es zu verkaufen. Diesen Preisnachlass von 200,– DM sei er bereit, auch an die Kundin weiterzugeben.

Anschließend stellen Sie alle Alternativen zur Auswahl: „Aus meiner Sicht gibt es nun mehrere Möglichkeiten: … 1. …, 2. …"

Bei zwei Auswahlmöglichkeiten entscheidet sich der andere meist für die zweite.

Wenn Sie so weit mit dem Kunden gekommen sind, ist eine weitere Möglichkeit, die endgültige Lösung zu vertagen. Besonders dann, wenn Sie ihm im Moment kein befriedigendes Ergebnis anbieten können. Die Wahrscheinlichkeit, dass nun auch die Zeit für Sie arbeitet, ist groß, vor allem, wenn Sie nur geringe Hoffnungen beim Gegenüber geweckt haben.

Danken Sie am Ende für seinen Anruf: „Danke, dass Sie uns auf eine Verbesserungsmöglichkeit hingewiesen haben."

Wichtig: Halten Sie Ihre Versprechen, die Sie gegeben haben.

Die Steigerung von Ärger ist Wut

5 Prozent der enttäuschten Kunden reklamieren und beschweren sich. Nehmen wir an, Sie haben bei einem Versandhaus angerufen und wollten ein Geburtstagsgeschenk bestellen. Auf Ihre Frage, ob es noch rechtzeitig kommt, bekamen Sie die Antwort: „Kein Problem. Wie ist Ihr Name?" Was nicht rechtzeitig zum Geburtstag ankam, war das Geschenk … Nun rufen Sie beim Versandhaus an und berufen sich auf die Lieferzusage im ersten Telefonat. Sie stoßen auf einen Mitarbeiter, der Ihnen widerspricht,

das Zugesagte bestreitet und sinngemäß sagt: „Das kann gar nicht sein. Wir machen immer alles richtig. Haben Sie Ihre Bestellung überhaupt abgeschickt?"

Was würde dieses Verhalten bei Ihnen auslösen? Vermutlich wären Sie desillusioniert und verärgert.

Außerdem würden Sie versuchen, dem Mitarbeiter klarzumachen, dass er nicht Recht hat. Leider immer noch zu oft würde der Versandhausmitarbeiter versuchen, Ihnen nachzuweisen, dass Sie im Unrecht sind. Ein Wort ergibt das andere, das Gespräch wird emotional dichter, es fallen Formulierungen wie „immer", „nie" und „keiner", und schließlich werden auch verschiedene Körperteile der Beteiligten mit unterschiedlichen Bezeichnungen versehen.

Bei erneutem Widerspruch durch den Mitarbeiter geben Sie entweder auf und fangen an, den Ruf dieses Unternehmens in Ihrem Bekanntenkreis zu morden – oder das Gespräch eskaliert bis zur Wut. Typische Formulierungen in dieser Phase sind etwa: „Ich schalte einen Rechtsanwalt ein", „Ich geb's an die Presse", „Ich werde Sie verklagen", „Warten Sie ab, bis ich Sie mal im Dunklen erwische …" , kombiniert mit leichten Sprachstörungen und heftigem Atmen. Jetzt geht es dem Wütenden nicht mehr um das Finden einer Lösung bezüglich des Geschenks. Das neue Ziel heißt nur noch: „Dem zeig ichs!"

Schematisch gesehen, blieben zwei Möglichkeiten ungenutzt: Hätte das Versandhaus das Geschenk pünktlich zum versprochenen Termin in einer unerwartet originellen und lustigen Verpackung geschickt, dann sähe es so aus:

- Der Kunde bekommt mehr, als er erwartet, und ist begeistert.
  Erwartung < Dienstleistung = Begeisterung

Hätte das Versandhaus das Geschenk pünktlich, aber in herkömmlicher Verpackung geschickt, gilt Folgendes:

- Der Kunde bekommt genau das, was er erwartet, und ist zufrieden.
  Erwartung = Dienstleistung = Zufriedenheit

Bei fehlender oder verspäteter Lieferung bekommt er jedoch weniger, als er erwartet hat:

- Enttäuschung ist die Folge
  Erwartung > Dienstleistung = Enttäuschung.

- Wird einem reklamierenden Kunden widersprochen, führt dies zur Verärgerung.
  Widerspruch, mangelnde Einsicht = Desillusionierung, Verärgerung

- Wird weiter Gegendruck erzeugt, steigert sich Ärger zu Wut.
  Druck erzeugt Gegendruck = Zerstörung, Wut

Sie machen es sich wesentlich leichter, wenn Sie alles daran setzen, belastete Situationen spätestens in der Phase der Enttäuschung abzufangen. Je schneller auf Reklamationen und Beschwerden reagiert wird, desto weniger eskalieren sie.

In der Praxis kommt es jedoch immer wieder vor, dass Menschen schon in Rage sind, wenn wir ihnen am Telefon begegnen. Sie haben sich selbst wütend gemacht, während sie vor ihrem Schreibtisch auf und ab gelaufen sind, und griffen erst dann zum Telefonhörer.

Oder – ebenso häufig – sie haben innerhalb unseres Unternehmens mit mehreren Kollegen zu tun gehabt, die sich unkorrekt oder psychologisch ungeschickt verhalten haben. Dies hat unseren späteren Telefonpartner in die Eskalationsspirale getrieben. Egal welche Vorgeschichte unser Anrufer hat, er ist jetzt wütend, und dies erfordert von uns ein grundlegend anderes Vorgehen als in den bisher besprochenen Situationen.

Umgang mit wütenden Anrufern

Für die folgenden Ausführungen nehmen wir also an, dass Sie es mit einem Anrufer zu tun haben, der nicht nur etwas missgelaunt ist, sondern extrem wütend. Wenn er persönlich zu Ihnen kommen würde, würde die Türe zu Ihrem Großraumbüro aufplatzen, eine ramboartige Gestalt mit kalkweißem Gesicht und rot unterlaufenen Augen würde hereingestürmt kommen, heftig atmend, in der Hand eine Zaunlatte, an deren oberen Ende ein rostiger Nagel hervorsteht. Unartikulierte Geräusche sind zu hören, außerdem ruft er periodisch Ihren Namen. Wir denken nun an einen Menschen in diesem Zustand, allerdings befindet er sich einige hundert Kilometer entfernt. Nun geht er ans Telefon und ruft Sie an.

Überstehen Sie die ersten Schrecksekunden

Wohl am schwierigsten zu bewältigen sind die ersten fünf Sekunden. Meistens erreichen uns solche Anrufe plötzlich und unerwartet. Sie denken an nichts Böses, heben den Hörer ab – und haben plötzlich einen Menschen im Extremzustand in der Leitung. Es wäre wesentlich leichter, wenn uns jemand vorgewarnt hätte.

Praxis-Tipp:

Falls Sie je einen wütenden Anrufer weiterleiten – was Sie nur im Notfall tun sollten: Warnen Sie den anderen vor.

Typischerweise gibt es drei mögliche Gegenreaktionen auf den Wütenden, die alle drei zur Falle werden:

- Gegenangriff
- Leugnen
- Persönlichnehmen

Gegenangriff

Der Gegenangriff funktioniert nach dem Prinzip „Druck erzeugt Gegendruck". Der Angerufene platzt heraus: „Das ist eine unglaubliche Frechheit, was nehmen Sie sich überhaupt heraus, ich lasse mir das nicht bieten …" Oder er gibt die Beschuldigung stracks an den Anrufer zurück: „Sie selbst haben doch am …"

Leugnen

Das Leugnen ist ein Programm aus der Kinderstube: „Ich war's nicht" – „Das hat der Versand verbockt" – „Kollegin kommt gleich" – „Ist nicht mein Tisch"…

Persönlichnehmen

Das Persönlichnehmen sieht nur auf den ersten Blick erfolgreich aus, ist jedoch der wahrscheinlichste Weg zu Frustration und Magengeschwür: Sie schaffen es, nichts zu sagen. Was der andere sagt, frisst sich jedoch tief in Ihr Gedärm, und auf dem Nachhauseweg bricht es durch: Sie machen mit dem Auto Jagd auf harmlose Fußgänger, werfen mit Steinen nach der Nachbarskatze und lassen Ihren tiefen Frust im schlimmsten Fall an Ihrer Familie aus. Es ist unprofessionell (und ungesund), beruflichen Ärger mit nach Hause zu nehmen.

Achtung: Machen Sie sich klar, dass sich ein wütender Mensch in einer hormonellen und psychologischen Ausnahmesituation befindet, in der er eine besondere Vorgehensweise braucht.

Schwierige Situationen souverän meistern

Was passiert in einem wütenden Menschen?

Ein verärgerter oder aufgeregter Mensch steht unter einer Aus-schüttung von Kampfhormonen. Das heißt,

- unmittelbar nach dem ärgerlichen Anlass steigt sein Adrenalinspiegel im Blut an,

- es „schwillt ihm der Kamm",

- seine Pulsfrequenz steigert sich und

- der Körper schaltet auf Alarmzustand.

Dieser Zustand baut sich – wenn nicht noch ein neuer Anlass da-zukommt – in etwa sechs bis acht Minuten wieder ab bis auf Null.

Wenn nun ein Mensch in extremere Gefühlszustände hineingerät, nicht nur verärgert, sondern wütend wird, passiert genau das Gleiche, nur heftiger als zuvor.

Das Interessante dabei ist nun, dass der Zeitraum bis zum vollen Abbau der Kampfhormone gleich bleibt. Mit anderen Worten: Egal, wie sehr sich ein Mensch aufregt – ohne weitere Anstöße ist es nach sechs bis acht Minuten vorbei.

Dieser Zeittakt von sechs bis acht Minuten ist international ein-heitlich, denn die Menschen dieser Welt sind genetisch gesehen allesamt eng miteinander verwandt. Der hier beschriebene Me-chanismus wirkt also genauso in China oder Südamerika.

Wichtig: Wenn nun aber die Höhe der Ausschüttung der Kampf-hormone eine gewisse Konzentration übersteigt (Biologen nen-nen dies: „Überschreiten einer Wirkschwelle"), geschieht etwas Neues, völlig anderes: Von einer Sekunde auf die andere schaltet sich die Großhirnrinde (Cortex) des Wütenden ab, und er wird plötzlich für kurze Zeit regiert von einem Millionen Jahre alten „Alarmprogramm", das reflexartig vom Stammhirn gesteuert wird.

Biologisch gesehen blockieren die Synapsen seiner Großhirnrinde wegen zu hoher Adrenalinkonzentration. In diesem Sonderzustand lässt Mutter Natur nur noch drei seit Jahrmillionen bewährte Krisenreaktionen zu, die vom Stammhirn, der Verlängerung des Rückenmarks gesteuert werden:

- Angriff
- Flucht
- Lähmung/Blockade

Alle drei sind fürs Überleben im Grundvorgang sinnvolle Programme: Ein angegriffenes Zebra, das im Nebel der Stresshormone zur Gegenattacke schreitet, erhöht seine Überlebenschancen. Eine verfolgte Gazelle, die – von Stresshormonen zusätzlich aktiviert – ihr Heil in der Flucht sucht, erhöht ihre Überlebenschance. Ein gänzlich wehrloses Rehkitz, das in Angststarre verfällt, wird eher übersehen und erhöht seine Überlebenschancen.

Im modernen Büroalltag ist das physische Überleben in aller Regel nicht bedroht. Trotzdem treten auch dort in extremen Belastungssituationen diese genetisch fest angelegten Notfallgrundmuster auf – auch wenn es eigentlich keine direkte Notwendigkeit mehr für sie gibt.

Ein extrem wütender Mensch steht in gleicher Weise wie ein Tier oder ein Höhlenmensch unter dem Einfluss dieses biologischen Notfallprogramms. Auch er sah in diesem extremen Moment nur die Alternativen Angriff, Flucht und Toter Mann – und hat sich für die erste der drei, für den Angriff entschieden ...

Achtung: Machen Sie sich klar, dass in diesem Zustand ein wütender Mensch nicht vernünftig sein kann, denn er steht im Nebel der Kampfhormone.

Ein extrem wütender Mensch braucht keine Logik, sondern drei Minuten psychologische Betreuung, und zwar durch uns.

Praxis-Tipp:

Wenn Sie die ersten Schrecksekunden überstanden haben, geben Sie dem anderen die Chance, seinen Hormonhaushalt zu beruhigen. Widersprechen Sie ihm nicht, sprechen Sie nicht über die Sachebene, sondern:

- Geben Sie dem Anrufer Gelegenheit, sich Luft zu machen: Lassen Sie ihn zwei bis drei Minuten toben.

- Zeigen Sie Anteilnahme und Einfühlungsvermögen: „Ich verstehe, dass Sie verärgert sind ..."

Seien Sie in dieser Phase ein guter und verständnisvoller Zuhörer und achten Sie sorgfältig darauf, dass Sie Gegendruck vermeiden. Achten Sie auch ganz besonders auf Ihre eigenen Gefühle, damit Sie sich selbst unter Kontrolle behalten und nicht selbst in wilderes Fahrwasser geraten.

Sie sparen keine Zeit, wenn Sie einen wütenden Anrufer zu früh auf die Sachebene zu bringen versuchen. Wenn er Ihnen „von A bis Z" die Meinung sagen will und Sie unterbrechen ihn bei „M", fängt er bei „A" wieder von vorne an.

Lassen Sie ihn zwei bis drei Minuten toben. Denn im Nebel der Kampfhormone kann er nicht verstehen, was Sie sagen. Geben Sie ihm Zeit! Erst wenn er nun allmählich ruhiger geworden ist, geht es so weiter, wie wir es bereits bei verärgerten Anrufern kennen gelernt haben:

- Finden Sie die wirklichen Interessen des Anrufers heraus.

- Bieten Sie Lösungsmöglichkeiten an.

- Erarbeiten Sie mit dem Kunden eine Lösung.

- Danken Sie ihm für den Anruf.

- Halten Sie Ihre Versprechen.

Wie senken Sie die Ansteckungsgefahr?

Wie vermeiden Sie, selbst wütend zu werden? Die gleichen Mechanismen, die beim Anrufer wirken, belasten natürlich auch uns selbst. Es wäre jedoch nicht weiterführend, wenn Sie am Telefon selbst ausrasten (Angriff) oder den Hörer wegfeuern und schreiend die Flucht ergreifen würden. Auch starr werden und gar nichts mehr tun bringt nichts. Lernen Sie, mit den eigenen Belastungsspitzen umzugehen.

Folgende Vorgehensweisen haben sich in der Praxis bewährt:

- Lernen Sie, Ihre körpereigenen Frühwarnsignale zu erkennen.

  Stress und Wut kommen nicht ohne Vorwarnung über uns, sondern sie bauen sich auf. Wie sitzen Sie auf Ihrem Stuhl? Was passiert mit dem Stift in Ihrer Hand? Viele Menschen rutschen auf dem Stuhl herum, malträtieren Büromaterial, und es mehren sich Übersprungshandlungen wie Knöchelknacken, Nasezupfen etc. Wie ist Ihre Atemfrequenz? Je ruhiger, desto besser. Eine entspannte Haltung führt zu einem entspannten Gesprächsverlauf. Je früher Sie sich selbst beim Ansteigen der Kampfhormone ertappen, desto leichter können Sie gegenlenken.

- Achten Sie auf Ihre eigenen Selbstgespräche.

  Es ist ein wesentlicher Unterschied, ob Sie zu sich sagen: „Das ist eine riesige Unverschämtheit!" „So ein Idiot!" „Das lass' ich mir nicht bieten!", oder ob Ihre Selbstgespräche folgendermaßen lauten: „Reg Dich nicht auf! Bleib ruhig." – „Zähl bis zehn. Nun kann ich das Buch testen." – „Wie arm muss der dran sein, dass er solche Formulierungen verwendet." – „Er meint ja nicht mich, er meint die Firma."

Praxis-Tipp:

Wenn es vorbei ist: Machen Sie aus der Krise eine Chance. Sie ziehen den größtmöglichen Nutzen aus Reklamationen und Beschwerden, indem Sie sich folgende Fragen stellen und Sie am besten schriftlich beantworten.

- Haben Sie den Grund der Verärgerung erkannt, verstanden und dokumentiert?

- Was hätten Sie tun können, um den Ärger zu vermeiden?

- Was müsste an innerbetrieblichen Abläufen geändert werden, damit so etwas in Zukunft nicht wieder vorkommen kann? Wer in der Firma sollte davon wissen?

- Beteiligen Sie sich an der Entwicklung eines Beschwerdemanagementsystems.

Was tun bei unverschämten Menschen?

Unverschämte Menschen halten sich nicht an die üblichen Konventionen. Sie verweigern sich vernünftigen Argumenten. Sie werden persönlich oder versuchen, einen zu unmoralischen und ungesetzlichen Handlungen zu erpressen.

Es bestehen jedoch große Unterschiede, was als Unverschämtheit anzusehen ist. Im Hamburger Containerhafen herrscht ein anderer Umgangston als in einer Tanzschule in Bad Homburg. Prüfen Sie selbstkritisch, ob das, was Sie als Unverschämtheit empfinden, nach Branchenstandard auch als Unverschämtheit bewertet wird. Die Formulierung „Mädle, nun hab dich nicht so!" ist wahrscheinlich im Speditionswesen („Hart, aber herzlich") noch kein Extrem, aber gegenüber einer Richterin vor Gericht werden die meisten Menschen diesen Satz als Unverschämtheit werten.

Wenn Sie in einer Branche tätig sind, in der Sie allzu vieles als Unverschämtheit empfinden, überlegen Sie bitte, ob Sie nicht die Branche wechseln sollten. Sie können nicht alle Kunden des Containerhafens in einen Benimm-Kurs schicken.

Persönliche Beleidigungen

Viele persönliche Beleidigungen sind Ausdrucksweisen extremer Wut. Ein wütender Mensch überlegt im Zustand der Wut nicht mehr, was er sagt. Wenn er wieder klaren Sinnes ist, ist es ihm oftmals selbst peinlich, welche Formulierungen er verwendet hat. Einige der Call-Center-Mitarbeiter, die wir kennen gelernt haben, haben einen solchen Grad an Professionalität erreicht, dass sie einem wütenden Anrufer, der beleidigend wird, trotzdem weiterhin mit Gelassenheit, Freundlichkeit und Seelenfrieden begegnen. Falls Sie das auch versuchen wollen – achten Sie darauf, dass Sie dem Anrufer keinen Widerstand bieten, sondern das Gespräch drei Minuten lang „laufen lassen". Wenn allerdings die Beleidigungen auch nach drei Minuten nicht aufhören und mehrere Versuche, das Gespräch auf die Vernunftebene zu bringen, gescheitert sind, dann können Sie die Situation systematisch mit folgenden Schritten angehen:

- Grenzen setzen: „Herr Schulz, ändern Sie bitte Ihren Ton, so kommen wir zu keiner konstruktiven Lösung.", oder „Ich gehe freundlich (höflich) mit Ihnen um, dann tun Sie dies bitte auch mit mir." – „Ich würde Ihnen gerne weiterhelfen, aber in diesem Tonfall geht es leider nicht." Wenn keine Verhaltensänderung erfolgt, dann:

- Warnen: „Herr Schulz, wenn Sie Ihren Ton nicht ändern, lege ich auf." oder „Herr Schulz, wir kommen so nicht weiter." – „Ich würde Ihnen gerne weiterhelfen, aber wenn Sie weiter in diesem Ton mit mir reden, werde ich das Gespräch beenden." Immer noch keine Verhaltensänderung? Dann:

- Konsequent sein und es tun: Auflegen oder an einen Kollegen oder Vorgesetzten weiterverbinden:
„Ich hätte Ihnen gerne weitergeholfen. Auf Wiederhören." Knack. Oder, nachdem Sie den Kollegen vorgewarnt haben: „Ich verbinde Sie jetzt mit ..." In allen Fällen:

- Dokumentation: Notieren Sie sich die Einzelheiten des Gesprächs: wann, wer, um was es ging, wie Sie reagiert haben und vor allem, welche Formulierungen wörtlich gefallen sind: „Sie sind so überflüssig wie ein Magengeschwür." – „Man sollte Ihnen einen Einlauf mit Neckarwasser machen." – „Wenn du das nicht machst, komm ich vorbei und hau dir die Fresse blau." – „Sie Zimtzicke können sich doch auch nur das Näschen pudern." Solche einprägsamen Beispiele werden uns bei Schulungen weitererzählt.

Wichtig: Bewahren Sie Ihre Notizen mindestens ein halbes Jahr auf. Das Aufschreiben bringt Ihnen einen zweifachen Nutzen:

- Dieses Erlebnis schiebt man nicht einfach weg. Man kann nicht zur Tagesordnung übergehen, als ob nichts geschehen sei. Also schreiben Sie sich den Vorfall von der Seele. Zu Papier gebracht ist die Angelegenheit leichter bewältigt und abgehakt.

- Für den Fall, dass – zum Beispiel von der Geschäftsführung, die einen Beschwerdebrief erhalten hat – Nachfragen kommen, können Sie jederzeit fundierte Auskunft geben. „Am 12. April um 14.21 Uhr ereignete sich Folgendes."

Wenn Sie gezwungen sind, immer wieder mit ein und demselben schwierigen Menschen zusammenzuarbeiten, können diese Vorschläge Abhilfe schaffen:

Versuchen Sie, ihn persönlich kennen zu lernen. Manche Menschen haben nur eine geringe Hemmschwelle, ihnen unbekannte Menschen zu schikanieren. Wenn Sie jedoch die andere Person persönlich kennen gelernt haben, ändert sich ihr Verhalten.

Falls der persönliche Kontakt nicht möglich oder nicht sinnvoll ist, hat es oft Wunder gewirkt, wenn eine andere Vertrauensperson (zum Beispiel ein Außendienstler Ihrer Firma), die einen guten Kontakt zu dem anderen hat, ein gutes Wort einlegt. Wundersame Wandlungen haben sich auch dann ereignet, wenn man beim Vorgesetzten des anderen hat durchblicken lassen, dass einer seiner Mitarbeiter sich nicht immer an allgemein gültige Verhaltensnormen hält.

Praxis-Tipp:

- In extremen Fällen ist zu überlegen, ob man sich nicht von so einem Kunden trennt.

- Am wirkungsvollsten ist es, wenn von einem Entscheidungsträger des Unternehmens der Wunsch nach Trennung unterbreitet wird: „Herr Mayer, es ist mir von meiner Mitarbeiterin mitgeteilt worden, in welchem Ton Sie mit ihr umspringen und welche Bedingungen Sie immer wieder an sie stellen. Grundsätzlich sind wir zwar an allen unseren Kunden interessiert und möchten ihre Zufriedenheit erreichen. Doch in Ihrem Fall zweifle ich, ob das möglich ist. Entweder Sie ändern Ihr Verhalten, oder ich bitte Sie, zukünftig Ihre Käufe bei unseren Mitbewerbern zu tätigen."

- Zwar ist u.U. ein Kunde verloren, aber das interne Betriebsklima wurde gestärkt. Die Führungskraft arbeitet hier für ihre Mitarbeiter und nicht gegen sie.

Checkliste: Umgang mit Ärger und Wut

Umgang mit verärgerten Anrufern in sieben Schritten

1. Hören Sie dem reklamierenden Kunden wirklich zu!

2. Spiegeln Sie seine Gefühle.

3. Geben Sie Fehler zu.

4. Stellen Sie eine „Belohnung" in Aussicht, dann erst erfragen Sie die notwendigen Daten und Fakten.

5. Bieten Sie Lösungsmöglichkeiten an.

6. Danken Sie für den Anruf.

7. Halten Sie Ihre Versprechen.

Umgang mit wütenden Anrufern in sieben Schritten

1. Überstehen Sie die ersten Schrecksekunden. Keinen Gegenangriff, kein Leugnen, kein Persönlichnehmen.

2. Geben Sie dem Anrufer Gelegenheit, sich Luft zu machen: Lassen Sie ihn zwei bis drei Minuten toben.

3. Zeigen Sie Anteilnahme und Einfühlungsvermögen.

4. Finden Sie die wirklichen Interessen des Anrufers heraus.

5. Bieten Sie Lösungsmöglichkeiten an.

6. Danken Sie ihm für den Anruf.

7. Halten Sie Ihre Versprechen.

Was tun bei unangenehmer Anmache?

Die Übergänge von nett gemeinter „Baggerei" bis zu als Anmache empfundenen Formulierungen sind fließend. Ein Unterton in der Stimme ist wenig fassbar, aber trotzdem reicht er aus, um einem an der guten Laune zu kratzen.

Gerade wenn es uns gelungen ist, durch unser Verhalten am Telefon einen positiven Eindruck zu machen, kann dies bewirken, dass bei hormonell belasteten Anrufern die Phantasie durchgeht.

Beispiel:

Sekretärin: „Kann ich sonst noch etwas für Sie tun?" – Männlicher Anrufer: „Ja, durchaus, höhö." Oder: „Ach Frau Paulus, Sie sind so nett – ich würde Sie gerne mal auf einen Kaffee einladen." oder „Sind Sie Mitglied?" – „Ich bin zwar mit Glied, aber bei Ihnen noch nicht, höhö."

Hier ist Gelassenheit die erste Tugend. In Österreich sagt man dazu „Net a mal ignorieren." Wenn Sie mit unbeeindruckt-kühler Stimme dem anderen für seinen Anruf danken und das Gespräch beenden, wird er seinen anzüglichen Satz nicht als Erfolg bewerten.

Eine andere wirkungsvolle Reaktionsmöglichkeit bei kleinen Anzüglichkeiten kann das Nachfragen und – jedenfalls eine Weile lang – schweigende Zuhören sein. Beenden Sie auch hier mit einer sachlich-neutralen Formulierung:

- „Dies gehört nicht zu meinem Aufgabengebiet. Aber vielleicht finden Sie ja die Telefonnummer eines Begleitservice im Telefonbuch."

- „Nein, das ist nicht möglich. Mein Mann und ich feiern heute abend unseren dreißigsten Hochzeitstag."

- „Das ist nett von Ihnen, aber ich bin in einer festen Beziehung und nicht interessiert."

- „Ich verbinde Sie gerne mit meinem Vorgesetzten, der erklärt Ihnen das genauer."

Sexuelle Belästigung

Bei anonymen Anrufen im privaten Bereich sollten Sie überprüfen, ob Ihr Namenseintrag im öffentlichen Telefonbuch „amtlich" formuliert ist. Eine „Uschi" oder „Susi" erhält mehr anonyme Anrufe als eine Ursula oder Susanne, eine „Gabi" mehr als eine Gabriele. Auch „U. Schneider" wird einen potenziellen Anruf-„Täter" nicht zu Aktivitäten veranlassen.

Häufig sind es auch Menschen aus dem eigenen weiteren Umfeld. So können Sie sich in diesen Situationen zur Wehr setzen:

- Nach dem Auflegen den Hörer zur Seite legen, damit ist der Anrufer erst einmal gestoppt.

- Erst den Anrufbeantworter abheben lassen und mithören, wer es ist.

- Polizei einschalten.

- Technische Möglichkeiten ausnutzen: Eine Fangschaltung (ISDN macht dies – auf Antrag – unter dem Stichwort „Anrufrückverfolgung" möglich).

- Ihren Anschluss mit einer PIN sichern. Notwendige Zusatzgeräte bietet der Fachhandel.

- Gerichtliche Schritte einleiten.

Im Unternehmensbereich sind gebührenfreie Rufnummern mehr gefährdet als kostenpflichtige. Gehen Sie offen mit diesem Thema um. Auch männliche Kollegen und Vorgesetzte sollten signalisieren, dass sie in so einem Fall bereit sind, die Betroffene zu unterstützen. Es sollte nie passieren, dass eine Frau den Vorfall „runterschlucken" muss und in eine Opferrolle gedrängt wird.

Praxis-Tipp:

Entziehen Sie sich dem Sog und schaffen Sie Distanz. Folgende Tipps können Ihnen helfen, sich zu schützen:

- Beziehen Sie andere ein. Wenn es technisch möglich ist, können Sie eine Kollegin oder einen Kollegen bitten, mitzuhören. Oder Sie machen die Attacken des Anrufers für alle im Raum hörbar, indem Sie den Raumlautsprecher Ihres Telefons einschalten.

- Stehen Sie auf und nehmen Sie eine aufrechte Körperhaltung ein und achten Sie besonders auf Ihren Kopf, damit Sie erhobenen Hauptes in dieser Situation agieren.

Auch bei sexuellen Übergriffen am Telefon ist keiner wehrlos. In extremen Fällen werden auch Sie extremer gegen den Sexualtäter. Wenn Sie auf Ihrer Seite ohne Vorwarnung in eine Trillerpfeife blasen, könnten Sie das Ohr des anderen ernsthaft verletzen. Die Rechtsprechung verlangt, dass Sie Ihr Gegenüber warnen. Sicherlich möchten Sie nicht am Ende noch wegen vorsätzlicher Körperverletzung belangt werden. Deshalb warnen Sie bitte den Anrufer: „Wenn Sie nicht sofort aufhören, greife ich zur Trillerpfeife." Oder „Ich blas' Ihnen jetzt was." – „Heinrich, holst du mir mal unsere Trillerpfeife?" – und schreiten Sie erst dann zur Tat.

Damit es nicht bei Vorsätzen bleibt: Umsetzungshilfen

5

Es gibt nichts Gutes, außer man tut es

In unseren Seminaren und bei der Begleitung von Veränderungsprozessen in verschiedenen Unternehmen haben wir gemeinsam mit unseren Auftraggebern Tricks und Hilfen entwickelt, wie man sich selbst zum guten Lernerfolg überlisten kann.

Nachdem Sie dieses Buch gelesen haben, entscheidet es sich in den darauf folgenden 24 Stunden, ob Sie mit der Umsetzung der Vorschläge, die Ihnen gefallen haben, beginnen, oder ob es nur beim Vorsatz und nachfolgendem schlechtem Gewissen bleibt.

Achtung: Passen Sie auf: Wenn man gute Vorsätze nur hoch genug legt, kann man unten durchlaufen, ohne sich zu bücken. Das Geheimnis des Erfolges liegt in kleinen regelmäßigen Schritten.

Checkliste: So gewinnen Sie den Kampf mit sich selbst

- **Gute Vorsätze aufschreiben**
  Sammeln Sie schriftlich alle Ihre guten Vorsätze. Schreiben Sie auf, was Sie sich beibringen wollen. Welche Formulierungen wollen Sie sich ab- und welche angewöhnen? Was aus diesem Buch wollen Sie in Ihre persönliche Arbeitspraxis am Telefon integrieren? Sorgen Sie dafür, dass diese Liste regelmäßig wieder „auftaucht" (z.B. Wiedervorlage in jedem Monat).

- **Schwerpunkte setzen**
  Wenn Sie versuchen, nun alles anders zu machen als bisher, werden Sie schauerlich scheitern. Der Zaubertrick heißt „Salami-Taktik", scheibchenweise zum Erfolg. Picken Sie sich aus Ihrer Liste ein oder zwei Vorsätze raus, die Sie als Erstes angehen wollen. Alle anderen stellen Sie erst einmal zurück. Sie sind in der Wiedervorlage gut aufgeho-

---

noch: Checkliste: So gewinnen Sie den Kampf mit sich selbst

ben. Weniger ist mehr. Besser ein Erfolgserlebnis pro Woche als zehn gute Vorsätze, die Sie nicht durchgehalten haben.

■ **Zehn Tage durchhalten**
Die Verhaltensforschung zeigt, dass ein neues Verhalten, das etwa zehn Tage lang durchgehalten wurde, anfängt, sich zu automatisieren. Nach zehn Tagen haben Sie den schwierigsten Teil geschafft. Nur am frühen Morgen, unter Extremstress oder nach längerem Urlaub kann es vorkommen, dass Sie wieder ins „alte" Verhalten zurückfallen. Um diese Klippen im Veränderungsprozess erfolgreich zu umfahren, sorgen Sie dafür, dass Sie, wenn Sie „der Alltag wieder hat", zehn Tage lang immer wieder an Ihr persönliches Veränderungsprojekt erinnert werden, damit Sie durchhalten.

■ **Besser als ein Knoten im Taschentuch**
Ändern Sie etwas an Ihren Grundgewohnheiten und verknüpfen Sie dies gedanklich mit der Sache, die Sie sich beibringen wollen. Nehmen wir an, Sie hätten sich vorgenommen, ab jetzt möglichst viele Ihrer Mitmenschen mit Namen anzusprechen. Als Merkhilfe für sich selbst könnten Sie Ihre Armbanduhr am anderen – ungewohnten – Handgelenk tragen. Jedes Mal, wenn Sie auf Ihre Uhr schauen wollen, werden Sie kurz erschrecken, weil Ihre Uhr dort fehlt, wo sie sonst ist. Nun sollten Ihnen zwei Dinge automatisch einfallen: Ach ja, die Uhr ist am anderen Arm. Und: Ich hatte mir ja vorgenommen, die anderen mit Namen anzusprechen – „Guten Tag, Frau Meier." …
Planen Sie weitere Signale an sich selbst: Stecken Sie den Hausschlüssel in die andere Hosentasche, hängen Sie zwei Bilder im Büro um, kleben Sie sich eine Büroklammer auf

noch: Checkliste: So gewinnen Sie den Kampf mit sich selbst

den Hörer Ihres Telefons ... Es gibt unzählige Möglichkeiten, sich „zu erinnern", ohne dass es irgendjemand anderes bemerkt. Stellen Sie eine Blume auf Ihren Schreibtisch, an eine Stelle, wo noch nie eine stand. Hängen Sie sich eine Merkliste an die Wand. Niemand knotet noch Taschentücher, denn heutzutage sind sie meistens aus Papier. Bitten Sie Ihren Lebenspartner, Freundin, Kollegen oder Kinder, Zettel mit Ihrem aktuellen Vorsatz so zu verstecken, dass Sie zufällig darauf stoßen müssen. Dann kann dies passieren: Sie stürmen morgens viel zu spät in die Küche, reißen die Teedose aus dem Schrank – irgendjemand hat dort ein Stück Papier reingesteckt. Sie falten es auf und – lesen einen Ihrer eigenen Vorsätze: „Ich will weniger Stress und stehe deswegen früher als bisher auf." – „Ich will alle Anrufer bis 10.30 Uhr mit ‚Schönen Guten Morgen' begrüßen ...". Diese Erinnerungsposten sind erste sichtbare Veränderungen. Sie zeigen, dass sich etwas tut.

■ **Suchen Sie sich Verbündete**
Verabreden Sie mit guten Freunden, innerhalb Ihres Teams, in der Familie, sich gegenseitig zu erinnern. Oder versprechen Sie dem anderen eine Belohnung, wenn er Sie im „alten Verhalten" ertappt. Machen Sie ein Spiel daraus.

■ **Besuchen Sie Seminare, hören Sie Lernkassetten**
Nehmen Sie Ihre berufliche und persönliche Weiterbildung selbst in die Hand. Wenn Sie sich zusammen mit anderen Menschen neue Verhaltensweisen antrainieren, ist der Erfolg schon fast programmiert. Audio-Lernkassetten sind eine gute Möglichkeit, Zeiten für die eigene Weiterentwicklung zu nutzen, die sonst unproduktiv verstreichen:

noch: Checkliste: So gewinnen Sie den Kampf mit sich selbst

> beim Autofahren, auf dem täglichen Weg zur Arbeit, während der Hausarbeit. Was man öfter hört, prägt sich besser ein.
>
> ■ **Gehen Sie liebevoll mit sich um**
> Sie sind auf dem richtigen Weg. Loben und freuen Sie sich über Ihre ersten Erfolge. Wenn niemand zu Ihnen steht, haben Sie einen Menschen vergessen, der immer zu Ihnen halten sollte: Sie selbst. Der Weg sollte ein Teil Ihres Zieles werden. Stillstand bedeutet Rückschritt.

Fehler sind erlaubt!

Es gilt der Satz: „Der Unterschied zwischen Klugen und Dummen ist geringer, als man denkt. Die Dummen machen jedes Mal denselben Fehler, die Klugen jedes Mal einen anderen."

Thomas Alva Edison hat mehr als 6000 Versuche mit unterschiedlichen Materialien gemacht, bis er den richtigen Werkstoff für den Glühfaden in seiner Erfindung, der Glühbirne, gefunden hat – wir könnten auch sagen, er hat 6000 Fehler gemacht, und wahrscheinlich aus jedem gelernt.

Wir von study & train haben uns vorgenommen, bestimmte Sätze zu meiden: „So ein blöder Fehler." Oder „Wie konnte ich nur diesen Fehler machen." Oder „Da hast du wieder einmal einen Fehler gemacht." Wir sagen statt dessen: „Das nächste Mal klappt es besser." Oder „Was haben wir daraus gelernt?" „Na, auch ich kann immer noch etwas dazulernen." Das Wort „Fehler" haben wir gemeinsam aus unserem Wortschatz gestrichen. Fehler sind immer Lerngelegenheiten, und es liegt an uns, diese Gelegenheiten am Schopf zu packen und zu nutzen.

Fünf Phasen auf dem Weg zu neuen Verhaltensweisen

Mondraketen verbrauchen 95 Prozent der Energie für den gesamten Mondflug in den ersten fünf Minuten. Mit Verhaltensveränderungen ist es ähnlich. Wirklich schwierig ist der Start. Verzweifeln Sie nicht, wenn es nicht gleich so klappt, wie Sie es sich vorstellen. Aller Anfang ist schwer.

In diesem Buch haben sie viele erfolgreiche Methoden kennen gelernt. Nun ist es an Ihnen, das Gelernte umzusetzen.

Fünf Phasen bis zur erfolgreichen Verhaltensänderung haben Sie zu bewältigen: Die übliche Ausgangssituation sieht so aus: Man macht die Dinge irgendwie und ist sich gar nicht im Detail bewusst, was man so alles tut und sagt. Das alte Verhalten ist kaum bewusst und sitzt in unserem „blinden Fleck". Die anderen bemerken es, wir selbst aber kaum.

1. Phase: Das neue Bewusstsein ist da

Wir merken jetzt, wie wir etwas tun und wollen manches ab jetzt anders und besser machen. Trotz des guten Vorsatzes machen wir jedoch weiter wie bisher und ärgern uns im Rückblick – wenn wir an unsere Vorsätze erinnert werden –, dass es nicht geklappt hat.

2. Phase: Umlernen ist schwer

Auch in der zweiten Phase machen wir noch weiter wie bisher, merken aber unmittelbar, nachdem wir wieder ins das alte Verhalten gefallen sind (das wir uns eigentlich abgewöhnen wollten), dass wir es wieder nicht geschafft haben. Äußerlich hat sich noch nichts verändert. Der Zeitraum zwischen Tun und Merken ist jedoch kürzer geworden.

3. Phase: Achtung, die Motivation ist in Gefahr

Jetzt kommt die wirklich gefährliche Phase. Wir merken, während wir wieder ins alte Verhalten fallen, dass es „schon wieder" passiert. Weil wir uns ärgern, verlieren wir den Faden und kommen vollkommen aus dem Konzept.

In einem Seminar war einer Teilnehmerin klar geworden, dass sie ihre Sätze sehr oft mit „Ich würde sagen" beginnt. Sie beschloss, dies zu ändern. Im nächsten Übungstelefonat am Telefontrainingskoffer sagte sie (= Phase 3): „Ich würde sagen – Mist, Mist, Mist!"

Viele Menschen geben in Phase 3 auf. „Ich schaff es nie. Jetzt wird alles noch viel schlimmer. Jetzt bringt es mich auch noch raus." Dabei ist es eigentlich ein sehr gutes Zwischenergebnis, dass Sie das ungewollte Verhalten schon zeitgleich beobachten. Es ist nicht mehr weit bis zur tatsächlichen Veränderung.

4. Phase: Erste Erfolgserlebnisse

Sie setzen an zur alten Formulierung und fangen Sie schon im Entstehen ab: Statt „Sie müssen uns ein Fax schicken" klingt es nun etwa so: „Sie mü … (Pause). Möchten Sie es uns per Post schicken oder als Fax zukommen lassen?" Erstes Erfolgserlebnis.

5. Phase: Absichern vor Rückfällen

Nun erinnern Sie sich so rechtzeitig an Ihren Vorsatz, dass gleich die bessere Formulierung kommt. Nur Sie selbst wissen noch, dass Sie nur knapp an der Klippe des unerwünschten Verhaltens vorbeigeschrammt sind. Die anderen merken es nicht mehr. Nun ist es geschafft, wir haben eine Verhaltensänderung erreicht. Das neue Verhalten kann sich nun so einschleifen, dass es allmählich zur unbewussten Gewohnheit wird.

Belohnen Sie sich nun, freuen Sie sich an Ihrem Erfolg – und zielen Sie auf den nächsten Punkt, den Sie gerne verändern wollen.

Ein chinesisches Sprichwort sagt: Wenn wir etwas gelernt haben und wenden es nicht an, haben wir es nicht gelernt.

Ihr persönlicher Umsetzungsplan

Unser Vorschlag für Ihr Vorgehen:

- 1. Schritt: Schauen Sie sich an Ihrem Arbeitsplatz um. Fühlen Sie sich wohl? Verändern Sie irgend etwas. Überprüfen Sie, ob alle Schreibgeräte in Ordnung sind. Was nicht mehr taugt, wird repariert oder weggeworfen. Vielleicht hängen Sie ein neues Bild auf oder stellen Sie eine Blume auf Ihren Schreibtisch. Denken Sie über Ihren Arbeitsplatz und Ihre Arbeitsabläufe nach und ziehen Sie Ihre Schlüsse. Wahrscheinlich können Sie nur einzelne Dinge ändern, aber auch eine einzige Veränderung zum Besseren ist es wert, getan zu werden, denn es ist ein Signal an Sie selbst, dass Sie Dinge verändern können.

- 2. Schritt: Überarbeiten Sie Ihre Meldung. Probieren Sie verschiedene Varianten aus.

- 3. Schritt: Achten Sie jetzt auf Ihre Selbstgespräche. Der Satz „Immer machst du alles falsch" gefährdet Ihren langfristigen Erfolg sicherlich mehr als die Frage „Mhm, wie hätte es besser geklappt?" Machen Sie sich klar: Wir lernen nicht aus unseren Erfolgen, sondern aus unseren Fehlschlägen. Durch Widerspruch entsteht Fortschritt.

- 4. Schritt: Ab heute verwenden Sie die Namen Ihrer Gesprächspartner. Keiner darf auflegen, ohne dass Sie seinen oder ihren Namen kennen.

- 5. Schritt: Arbeiten Sie an Ihrer Fragetechnik: Überlegen Sie sich, bevor Sie anderswo anrufen, welche Fragen Sie stellen wollen. Sind es offene oder geschlossene Fragen? Überlegen Sie sich für jeden Gesprächspartner eine passende Gesprächsstrategie. Überdenken Sie die Fragen, die Sie bisher schon verwenden. Experimentieren Sie mit Vorschlägen aus unserem Buch.

- 6. Schritt: Konzentrieren Sie sich auf das Zuhören: Wie hören Sie zu? Wie sitzen Sie dabei auf Ihrem Stuhl? Lassen Sie den anderen spüren, dass Sie zuhören.

- 7. Schritt: Setzen Sie sich neue Ziele.

So analysieren Sie Ihre eigenen Tonbandmitschnitte

Wir haben Ihnen früher schon empfohlen, sich bei Telefonaten gelegentlich aufzuzeichnen. Wahrscheinlich werden Ihnen beim Abhören viele Dinge auffallen. Stellen Sie sich systematisch die folgenden Fragen:

- Wie ist das Gesprächsergebnis? Sind beide Seiten damit zufrieden? Wenn dies der Fall ist, dann haben Sie das Wichtigste erreicht.

- Wie war der Gesprächsverlauf: Meldung, Klärung des Anliegens, Lösung, Zusammenfassung, Verabschiedung.

- Welche Kommunikations-Techniken wurden angewandt? Wiederholen? Fragen? Pausen? positives Formulieren? Zuhören? Komplimente? … …? Haben Sie zum Erfolg geführt? Welche Techniken hätten Sie zur Steigerung des Erfolgs noch einsetzen können?

- Wie gestaltete sich die Beziehung? Hatten beide ein gutes Gefühl und fanden den Gesprächspartner sympathisch? Wie war das Sprechtempo und die Wortwahl? War es bei beiden Partnern ähnlich oder unterschiedlich?

- Abschließend: Was hätten Sie (noch) besser machen können?

Am Telefon lernt man nie aus. Es gibt immer Möglichkeiten, wie man noch effizienter, noch kundenorientierter, noch glaubwürdiger, noch … … hätte sein können. Selbst bei „perfekt" ist man wahrscheinlich übers Ziel hinausgeschossen, denn jetzt fehlt es an der Natürlichkeit.

Die „goldenen Regeln" des Telefonierens

Die folgenden Punkte fassen zusammen, was wir Ihnen auf den vergangenen Seiten vermitteln wollten:

- Äußere und innere Einstellung
  Finden Sie eine positive Grundeinstellung.
- Körperhaltung und Mimik
  Ihr Lächeln am Telefon hört man!
- Dokumentation
  - Gesprächsnotizen
  - Vor- und Nachbereitung des Gespräches
- Namen verwenden
  - den Namen Ihrer Firma
  - Ihren Namen
  - den Namen Ihres Telefonpartners oder -partnerin
- Marschieren Sie im Gleichschritt mit Ihrem Telefonpartner
  Geschwindigkeit, Stimmvolumen, Wortwahl, Dialekt
- Zuhören
  Nehmen Sie sich zurück. Konzentrieren Sie sich auf das, was Ihr Partner sagt und sagen will. Lassen Sie ihn Ihr Zuhören spüren, durch annehmende Geräusche, Rückmeldungen, Verständnisfragen und Wiederholung des Gehörten.
- Wiederholen
  - wortwörtlich
  - mit anderen Worten
  - nur einzelne Punkte
- Stellen Sie Fragen.
- Sprechen Sie positiv und handlungsorientiert. Sagen Sie, was Sie für den anderen tun können.
- Sehen Sie alles mit seinen Augen.
  Machen Sie Ihr Ziel zu seinem Nutzen. Was hat er davon?
- Bewahren Sie sich Ihren Humor.

Was Sie sofort gewinnen

Sicherlich werden die ersten Schritte holprig sein. Doch Neues belebt und macht Freude. Denn Sie verlassen nun alte einschläfernde Routinen und konzentrieren sich neu auf Ihre Tätigkeit und auf die Menschen, die Ihnen dabei begegnen.

Auch wenn die neue Meldung anfangs zögerlich kommt oder man sich verspricht, werden die meisten Gesprächspartner die Veränderung positiv auffassen. Spätestens wenn Ihren Kunden klar wird, dass diese Neuerungen stattfinden, damit sie zukünftig noch besser bedient werden, haben Sie ihre Unterstützung.

So geben Sie Zahlen richtig durch

Hier sind zwei allgemeine Fälle zu unterscheiden:

- Die Person soll die Zahlen mitschreiben.
- Die Person muss sich die Zahlen im Kopf merken.

Für den ersten Fall sind die Zahlen immer als Ziffern einzeln zu sprechen. Wenn man Zahlen mit mehr als einer Ziffer insgesamt spricht, etwa neunundachtzig, ist die Gefahr, dass das Gegenüber einen Zahlendreher macht, sehr groß. Neunundachtzig wird besser mit acht, neun übermittelt. Die Postleitzahl 70563 wird gesprochen: sieben, null (Pause), fünf, sechs, drei. Einzige Ausnahmen sind im Allgemeinen Hausnummern und Geldbeträge. Hier werden auch mehrziffrige Zahlen als nur eine Zahl gesprochen.

Hat die Person sich die Zahlen zu merken, weil sie sich aus irgendwelchen Gründen die Zahlen nicht notieren kann, dann ist es sinnvoll, einzelne Ziffern zu Zahlen zusammenzufassen: 70563 = Siebzig Fünfhundertdreiundsechzig.

So buchstabieren Sie richtig

	Amtliche Buchstabiertafeln				
	Deutsch Deutschland	**Deutsch Schweiz**	**Brit. Englisch**	**Amerik. Englisch**	**International**
A	Anton	Anton	Andrew	Abel	Amsterdam
Ä	Ärger	Ärger			
B	Berta	Berta	Benjamin	Baker	Baltimore
C	Cäsar	Cäsar	Charlie	Charlie	Casablanca
CH	Charlotte				
D	Dora	Daniel	David	Dog	Danemark
E	Emil	Emil	Edward	Easy	Edison
F	Friedrich	Friedrich	Frederick	Fox	Florida
G	Gustav	Gustav	George	George	Gallipoli
H	Heinrich	Heinrich	Harry	How	Havanna
I	Ida	Ida	Isaac	Item	Italia
J	Julius	Jakob	Jack	Jig	Jerusalem
K	Kaufmann	Kaiser	King	King	Kilogramme
L	Ludwig	Leopold	Lucy	Love	Liverpool
M	Martha	Marie	Mary	Mike	Madagaskar
N	Nordpol	Nikolaus	Nellie	Nan	New York
O	Otto	Otto	Oliver	Oboe	Oslo
Ö	Ökonom	Ökonom			
P	Paula	Peter	Peter	Peter	Paris
Q	Quelle	Quelle	Queenie	Queen	Québec
R	Richard	Rosa	Robert	Roger	Roma
S	Samuel	Sophie	Sugar	Sugar	Santiago
Sch	Schule				
T	Theodor	Theodor	Tommy	Tare	Tripoli
U	Ulrich	Ulrich	Uncle	Uncle	Upsala
Ü	Übermut	Übermut			
V	Viktor	Viktor	Victor	Victor	Valencia
W	Wilhelm	Wilhelm	William	William	Washington
X	Xanthippe	Xaver	X-ray	X	Xanthippe
Y	Ypsilon	Yvonne	Yellow	Yoke	Yokohama
Z	Zacharias	Zürich	Zebra	Zebra	Zulu

Machen Sie sich das Telefonieren leichter: Nützliche Technik

6

Telefonanlage

ISDN/Digitales Netz

Durch moderne Übertragungsnetze wird auch die Telefonnummer des Anrufers übermittelt und ist – vorausgesetzt, Sie haben die dazu passenden Geräte – im Display des angerufenen Telefons zu sehen. Dies hat für die Gesprächssituation am Telefon folgende Vorteile:

■ Bei einer Ihnen bekannten Nummer wissen Sie, wer anruft. So können Sie sich von Beginn auf den Anrufer konzentrieren.

Praxis-Tipp:

Programmieren Sie Namen und Telefonnummern Ihrer häufigsten Telefonpartner in Ihr ISDN-Telefon. Bei einem Anruf wird dann der Name des Anrufers und nicht seine Telefonnummer angezeigt.

■ Sie können die Telefonnummer notieren, bevor Sie das Gespräch annehmen oder nachträglich an Ihrem Telefon abrufen.

■ Wenn vom Handy aus angerufen wird, sehen Sie dies in vielen Fällen an der Nummer im Display und können es im Gespräch berücksichtigen.

■ Wenn Sie im Gespräch die Telefonnummer notieren müssen, können sie diese mit der Nummer im Display vergleichen.

■ Eine Telefonnummer kann Ihnen wertvolle Dienste leisten, wenn Sie zur Sicherheit die Schreibweise einer notierten Adresse überprüfen wollen. Auf CD-ROMs mit dem Verzeichnis der deutschen Telefonbücher kann durch Eingabe der Telefonnummer nach der zugehörigen Adresse gesucht werden.

- Falls gewünscht, können Sie die Anzeige der eigenen Telefonnummer am anderen Telefon unterdrücken. Eine übermittelte Telefonnummer ist jedoch ein Mosaiksteinchen zur Stärkung Ihrer Glaubwürdigkeit.

Einrichten des Telefonarbeitsplatzes

An vielen Telefonarbeitsplätzen wird „gespart, egal was es kostet." Erleichtern Sie sich Ihre tägliche Arbeit am Telefon, indem Sie dafür sorgen, dass alle notwendigen Akten und Unterlagen in greifbarer Nähe sind. Es ist zu mühsam, wenn Sie erst aufstehen müssen, um an wichtige Informationen zu kommen.

Druckbleistift und Notizpapier am Telefonarbeitsplatz sollten selbstverständlich sein.

Headset

Wenn Sie häufig Daten am PC eingeben und gleichzeitig telefonieren, brauchen Sie ein Headset (Sprechzeug = Kombination aus Kopfhörer und Mikrofon). Vielleicht haben Sie bisher – weil Sie keine Hand mehr frei hatten – den Telefonhörer zwischen Schulter und Kopf eingeklemmt. Gewöhnen Sie sich das ab, denn es ruiniert den Klang Ihrer Stimme: Durch das „Klemmen" wird Ihr Kehlkopf zusammengepresst, und Ihre Stimme klingt nun eher gequetscht und verspannt. Da Ihr Gesprächspartner nicht sehen kann, was Sie tun, wird er ein ungünstiges Bild von Ihnen bekommen. Außerdem sind so Rückenschmerzen am Abend geradezu programmiert. Ein Headset gibt Ihnen die Möglichkeit, ohne Verrenkungen beide Hände zu nutzen. Es gibt sehr viele, z.T. federleichte Modelle. Lassen Sie sich von einem guten Fachmann beraten und probieren Sie mehrere Modelle aus. Sie werden es sich nicht mehr ohne Headset vorstellen können.

Ein Seminarteilnehmer sagte: „Wenn Gott gewollt hätte, dass Sie mit zwei Händen am PC schreiben und mit der dritten den Telefonhörer halten, hätte er uns drei Hände gegeben."

Freisprechen ist keine Alternative zum Headset

Die Benutzung der Freisprecheinrichtung am Telefon bewirkt, dass auch alle Hintergrundgeräusche im weiten Umkreis zu hören sind: Verkehrslärm, hackende Schreibmaschinen, Gekicher, Staubsauger, selbst die Wasserspülung in 25 m Entfernung.

Ein Unternehmer hatte sich angewöhnt, den Hörer nicht mehr abzunehmen. Er beantwortete Gespräche mit der Freisprecheinrichtung seines Telefons.

Nach diesem peinlichen Erlebnis gewöhnte er es sich schnell wieder ab: Er war mit drei Abteilungsleitern in eine Besprechung vertieft, als das Telefon klingelte. Wie gewohnt drückte er auf die Freisprechtaste und meldete sich. Da schallte aus dem Lautsprecher: „Schäääätzle!" Der erfolgreiche Unternehmer errötete sanft bis über beide Ohren.

Stehpult

Überlegen Sie die Anschaffung eines Stehpults, mit dem man auch im Stehen komfortabel telefonieren kann. Wenn Sie stehend telefonieren, hat Ihre Stimme mehr Festigkeit, und Ihre Durchsetzungskraft steigt.

Kursteilnehmer haben uns von ihrem Chef erzählt. Er ist ein Selfmademann, der es geschafft hat, in wenigen Jahren ein in einer Marktnische agierendes Unternehmen zu gründen und zum Marktführer zu machen. Seine Telefonate führt dieser Mann

meist vom Stehpult aus. Seine Mitarbeiter sind fest davon über-
zeugt, dass die Benutzung dieses Stehpults einer der Mosaik-
steine zu seinem Erfolg ist.

E-Mail und Fax

Entdecken Sie Fax und E-Mail als Ergänzung des Telefons. Eine
Wegskizze sagt oft mehr als tausend Worte Wegbeschreibung.
Oft ist es schneller und für die Beteiligten einfacher, wenn die Information gefaxt oder als E-Mail versandt wird. Wenn Sie schnell
reagieren, nützen Sie den Antrieb, der zum Anruf geführt hat,
am besten aus. Ein Kunde, der lange auf Informationen warten
muss, wird weniger geneigt sein zu bestellen als ein Kunde, der
kurz nach seinem Anruf das Bestellformular gefaxt bekommen
hat. Wenn die Versendung eines Fax sofort nach dem Anruf geschieht, sparen Sie auch ein Anschreiben. Fragen Sie zur Sicherheit: „Frau Schulz, ich faxe es Ihnen gleich zu. Reicht es, wenn
ich nur Ihren Namen vermerke?"

> **Praxis-Tipp:**
>
> Erstellen Sie von Formularen, Prospekten und Wegbeschrei-
> bungen mit Hilfe eines Kopierers schwarz-weiße Vorlagen,
> die gut zu faxen sind. So vorbereitet, können Sie schnell re-
> agieren.

Anrufbeantworter

Anrufbeantworter sind nicht jedem angenehm. Viele Menschen
scheuen sich, auf einem Gerät eine Nachricht zu hinterlassen.
Und nicht jede Ansage ist wirklich wohl überlegt.

Nützliche Technik

Dabei hat das Gerät für Anrufer und Angerufene viele positive Aspekte. Sie sind nachrichtlich erreichbar, können den Anrufern zusätzliche Informationen weitergeben – weitere Telefonnummern, Faxnummern, Öffnungszeiten und Ähnliches – und die Anrufer können ihr Anliegen gleich beim ersten Anrufversuch loswerden, anstatt es immer wieder „probieren" zu müssen.

Es hängt von Branchenüblichkeiten ab und von Ihrem Ansagetext, inwieweit dieses Instrument von Ihren Kunden genutzt wird. Bei study & train wird der eingeschaltete Anrufbeantworter von fast allen Anrufern gerne und mit gut verständlichen Botschaften genutzt. Menschen, die sich für Kommunikationsthemen interessieren, sind meist schon gute Kommunikatoren und wissen, wie viel man über diesen Weg erreichen kann.

Die meisten Nachrichten auf dem study&train-Anrufbeantworter signalisieren Kaufinteresse. Ohne den Anrufbeantworter hätten wir viele Umsätze nie gemacht.

Anregungen für den Text Ihres Anrufbeantworters

Unsere Kriterien für einen guten Text sind: kurz, positiv formuliert, nützlich und angemessen abgestimmt auf Ihren Anruferkreis. Eine Botschaft besteht aus Begrüßung, Informationsteil, Angebot und Abschluss.

- **Begrüßung**

  „Guten Tag, Sie sind mit dem Anrufbeantworter von Sabine Ungerer verbunden."

  „Guten Tag, Sie sprechen mit der Mailbox von Franz Müller."

  „Guten Tag, hier ist der Anrufbeantworter von Friederike Meyer."

  „Hallo, dies ist der Anrufbeantworter von Peter Schmidt."

■ **Informationsteil**

„Momentan bin ich nicht an meinem Platz / Momentan bin ich nicht zu Hause."

„Momentan bin ich nicht an meinem Platz oder spreche auf der anderen Leitung."

„Wir sind täglich von 9.00 bis 13.00 Uhr persönlich für Sie da."

„Über die Feiertage sind wir von 9.00 bis 12.00 Uhr persönlich zu erreichen."

„Wir sind im Moment alle beruflich unterwegs, in der Zwischenzeit ist unser Anrufbeantworter für Sie aufnahmebereit."

■ **Angebot machen**

Mehrere Angebote:

„In dringenden Fällen setzen Sie sich bitte direkt mit der Klinik in Verbindung. Telefonnummer: Stuttgart, 0711/… ich wiederhole 0711/…"

„Wenn Sie weiterverbunden werden wollen, wählen Sie für die Zentrale bitte eine „0" oder … hinterlassen Sie mir nach dem Signalton …"

„Um weiterverbunden zu werden, wählen Sie bitte für die Zentrale eine Null oder …"

„Sie können sich zur Zentrale verbinden lassen, indem Sie die Null wählen oder bitte …"

Annahme einer Nachricht:

„Bitte sprechen Sie uns nach dem Signalton eine Nachricht mit Ihrem Namen und Ihrer Telefonnummer auf das Band."

„Sie können mir gerne nach dem Signalton eine Nachricht mit Ihrem Namen und Ihrer Telefonnummer hinterlassen."

„Gerne rufe ich Sie zurück. Deshalb sagen Sie mir bitte Ihren Namen, Ihre Telefonnummer und Ihr Anliegen gleich nach dem Signalton."

„Gerne spreche ich mit Ihnen persönlich. Deshalb hinterlassen Sie mir bitte ..."

- **Abschluss**

„Vielen Dank."

„Ich rufe Sie zurück."

„Ich rufe Sie gerne zurück, vielen Dank."

Achtung: Diese Formulierungen sollten Sie vermeiden

- „Unser Büro ist von ... bis ... besetzt." Besser: „Wir sind von ... bis ... für Sie da."

- „Leider" ersatzlos streichen.

- „Piepston". Besser: „Signalton" oder „Ton".

- „Bitte legen Sie nicht auf." Besser ist: „Bitte bleiben Sie dran."

Praxis-Tipp:

Sagen Sie, was Sie können und nicht, was Sie nicht können. Ersetzen Sie negative durch positive Formulierungen. Bei Informationen teilen Sie bitte zuerst mit, welchen Nutzen die Information hat und geben Sie erst dann die Information, also nicht: „In dringenden Fällen wählen Sie XXX XXX, die Nummer des Notdienstes", sondern: „Die Nummer des Notdienstes lautet: XXX XXX", und nicht: „Wählen Sie bitte die Null, um weitervermittelt zu werden", sondern: „Um weitervermittelt zu werden, wählen Sie bitte eine Null."

Besprechen des persönlichen Anrufbeantworters

Wie am Telefon kommt es auch hier mehr auf den Klang der Stimme als auf die Wortwahl an:

- Sprechen Sie Ihren Text stehend oder sitzen Sie aufrecht.

- Machen Sie dabei ein freundliches Gesicht. (Lächeln!)

- Stellen Sie sich vor Ihrem geistigen Auge einen freundlichen Gesprächspartner vor, zu dem Sie Ihren Text sprechen.

- Gestikulieren ist erlaubt.

- Sprechen Sie zügig, deutlich und klar.

- Nicht Ihre Formulierungen, sondern der Tonfall Ihrer Stimme ist entscheidend.

- Hören Sie Ihren Text an, bevor Sie den Anrufbeantworter einschalten.

Hinterlassen einer Nachricht

Überwinden Sie sich und sprechen Sie Ihre Mitteilung auf einen Anrufbeantworter oder eine Mailbox. So haben Sie den ersten Schritt zur Lösung Ihres Anliegens getan, und der Angerufene weiß, wer ihn erreichen wollte.

So vermeiden Sie Gestammel

Wenn Sie nicht damit gerechnet haben, dass sich ein Anrufbeantworter einschaltet und Sie noch nicht so weit sind, eine klare Botschaft auf Band hinterlassen zu können: Legen Sie auf.

Und nun überlegen Sie sich in aller Ruhe Ihre Mitteilung und rufen noch einmal an.

Wichtig: Dies sollten Sie immer auf den fremden Anrufbeantworter sprechen:

- Ihren Vor- und Nachnamen

- die vollständige Telefonnummer

- ein Stichwort zu Ihrem Anliegen

- Falls Sie telefonisch schwer zu erreichen sind, nennen Sie eine günstige Zeit für den Rückruf.

Praxis-Tipp:

- Reduzieren Sie Ihre Sprechgeschwindigkeit, wenn Sie Daten mitteilen, die der andere für den Rückruf braucht, wie Ihre Telefonnummer.

- Wenn Sie Ihre Telefonnummer wiederholen, muss der Angerufene nicht die ganze Nachricht noch einmal hören, um kontrollieren zu können, ob er Ihre Telefonnummer richtig mitbekommen hat.

Sagen Sie zum Abschluss Ihrer Meldung noch einen freundlichen Satz. Beim Abhören eines Anrufbeantworters ist es schön, wenn man etwas Aufmunterndes zu hören bekommt, einen Gruß oder Glückwünsche.

Eine Botschaft kann so aussehen: „Guten Tag, hier Schott, Johanna Schott, von study & train. Ich rufe an, um zu erfahren, ob … Ich versuche heute nachmittag noch einmal, Sie persönlich zu erreichen. Natürlich freue ich mich auch über einen Rückruf von Ihnen, Telefon 0711/716 82 86, ich wiederhole: 0711/716 82 86.

Literaturhinweise

Bossong, Clemens: Selbst- und Zeitmanagement, Regensburg/Düsseldorf/
Berlin
Bown, Geraldine/Brady, Catherine: Klartext sprechen – mehr Erfolg im
Beruf, Regensburg/Düsseldorf/Berlin
Enkelmann, Nikolaus B.: Das Enkelmann-Seminar: Power-Training,
Regensburg/Düsseldorf
Fey, Gudrun: Gelassenheit siegt!, Regensburg/Düsseldorf/Berlin
Fey, Gudrun: Kontakte knüpfen und beruflich nutzen, Regensburg/
Düsseldorf/Berlin
Lorenzoni, Brigitta/Bernhard, Wolfgang: Professional Politeness.
Regensburg/Düsseldorf
Mehrabian, Albert: Silent Messages, USA, Wadsworth, Inc.
Mehrabian, Albert/Wiener, M.: Decoding of inconsisting communications.
Journal of Personality and Social Psychology
Ryborz, Heinz: Training zum Erfolg, Regensburg/Düsseldorf/Berlin
Stoffel, Wolfgang: Geschickt fragen, Regensburg/Düsseldorf/Berlin
Walther, George: Phone Power – das Telefon als effektives
Erfolgsinstrument, Düsseldorf/Wien

Hör-Empfehlungen

Steinke, Klaus: Kompetent und kundenfreundlich telefonieren,
2 Audiolernkassetten
Fey, Gudrun: Sag's positiv – Mit Power Talking zum Erfolg,
1 Audiolernkassette
Fey, Gudrun: Souverän umgehen mit Fragen, Vorwürfen und Angriffen,
1 Audiolernkassette

Dank

Wir bedanken uns bei über 40 000 Seminarteilnehmern, die uns mit
Ihren Anregungen und mit konstruktiver Kritik geholfen haben, dieses
Buch zu schreiben. Ein besonderer Dank gilt unserer Kollegin, Dr. Gudrun
Fey, von deren Erfahrung wir gern profitiert haben.

Wir beide haben das große Glück, verständnisvolle Ehepartner zu
haben, und bedanken uns sehr herzlich, dass sie uns die Zeit gegeben
haben, unser Wissen und unsere Erfahrung als Buch zu veröffentlichen.

Seminare von „study & train"

Unsere Firma „study & train" veranstaltet Seminare zu folgenden Themen:

- Kompetent und kundenfreundlich telefonieren

- Souverän umgehen mit Fragen, Vorwürfen und Angriffen

- Rhetorik mit Power: Überzeugend auftreten und reden

- Vortrags- und Präsentationstraining

- Mehr Erfolg durch Teamarbeit

- Gesprächs- und Verhandlungsführung

- Geschäftsbriefe kundenorientiert und effizient schreiben

- Machen Sie mehr aus Ihrem Leben und Ihrem Beruf (Selbst- und Zeitmanagement)

Seminare finden nicht immer dann statt, wenn man sie braucht. Nutzen Sie deshalb auch unsere Audio-Lernkassetten zur persönlichen Weiterbildung, zum Beispiel beim Zug- oder Autofahren (siehe Seite 138)

Informationen über unser Seminarangebot schicken wir Ihnen gern zu:

study & train
Gesellschaft für Weiterbildung mbH
Leinenweberstraße 61 A
70567 Stuttgart
Tel. 07 11/7 16 82 86 – Fax 07 11/7 16 82 87
E-Mail: study_train@t-online.de
Internet: www.study-train.de

Schnell nachschlagen

Schnell nachschlagen